Theo Gimbel

HEILEN
MIT FARBEN

Gesundheit und Wohlbefinden
durch Farbe und Licht

AT Verlag

Aus dem Englischen übertragen
von Graham Dawson

Originaltitel «Healing with Colour»
© 1994 Gaia Books Limited, London

© 1994
AT Verlag Aarau/Schweiz
Umschlaggestaltung: Dora Hirter, Kölliken
Satz: Grafische Betriebe Aargauer Tagblatt AG, Aarau
Druck und Bindung: Mandarin Offset, Hong Kong
Printed in Hong Kong

ISBN 3-85502-488-X

Zur Benützung dieses Buches

«Heilen mit Farben» ist eine umfassende Darstellung der wissenschaftlichen Grundlagen der Farbtherapie, ihrer Behandlungsmethoden und Hilfsmittel. Übungen und praktische Anwendungen sind durch einen Balken über dem Text gekennzeichnet. Die Farbtherapie bietet eine ganze Reihe von Anwendungen, die sich bei genauer Befolgung der Anleitungen gut auch in Selbstbehandlung durchführen lassen. Für die Diagnose und zur Behandlung schwerwiegenderer Störungen sollte jedoch ein erfahrener Farbtherapeut beigezogen werden.

Die Techniken, Hinweise und Ratschläge in diesem Buch ersetzen nicht eine angemessene ärztliche Beratung. Jede Anwendung der in diesem Buch beschriebenen Behandlungsmethoden geschieht auf eigene Verantwortung.

Da die Farbtherapie noch ein relativ neues Gebiet ist, sind einige der in Kapitel 6 beschriebenen Hilfsmittel und Geräte bei uns nicht im Handel erhältlich. Bei Fragen wenden Sie sich direkt an die Hersteller oder an die am Schluss des Buches aufgeführten Adressen.

Vorwort

Die Kraft der Farbe ist Teil der natürlichen Energien des Universums. Indem wir lernen, hinter die manifesten physischen Erscheinungen unserer Welt zu blicken, erkennen wir jene Prinzipien, die das gesamte Universum bestimmen, und werden uns der Vernetzung und der Schönheit aller Dinge um uns herum bewusst. Farbe, Teil der von der Sonne ausgehenden natürlichen Energien, umgibt uns, ist in uns und wirkt mit unseren eigenen Energien zusammen. Farbe wurde seit unvordenklichen Zeiten als Mittel zur Heilung und Selbstheilung eingesetzt.

Das Heilen mit Farben war schon im alten Ägypten und Griechenland, in China, Indien und Tibet bekannt und praktiziert. Auch im überlieferten Wissen der Mayakultur in Zentralamerika und der nordamerikanischen Indianerstämme hatte es

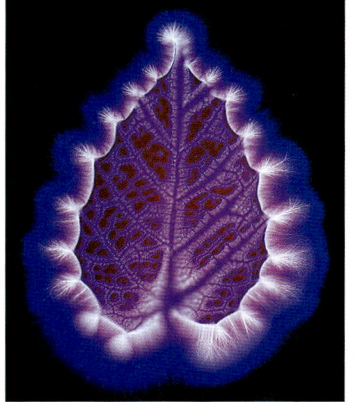

seinen festen Platz. Das Wissen um die Farben und ihre Bedeutung fand in der griechischen Philosophie des klassischen Altertums, in der Lehre von Pythagoras oder Plato etwa, seinen Niederschlag, bevor es dann für Jahrhunderte beinahe ganz verschwand. Die Handwerker und Künstler des Mittelalters, die die Wunder der Kathedralen schufen, verfügten zwar über die entsprechenden Kenntnisse, doch erst mit den farbtheoretischen Werken von Newton, Goethe und anderen setzte erneut eine theoretische Auseinandersetzung mit den Eigenschaften von Farbe und Licht ein. Einige der Aussagen in alten Zeugnissen wurden wieder aufgenommen und in ein modernes wissenschaftliches System integriert. Das vorliegende Buch führt in die Grundlagen des Gebiets ein und bietet eine grosse Auswahl an therapeutischen Anwendungen, die eine wertvolle Ergänzung zum natürlichen Heilen darstellen. Die Behandlungsformen reichen von einfachen bis zu sehr umfassenden, von alltäglichen wie farbiger Kleidung oder den Farben der Kosmetik bis zum spezialisierten Einsatz von farbigen Formen, Kristallen, Ölen und Licht.

In und um den menschlichen Körper herrscht wie bei jedem lebenden Organismus ein ständiger Energieaustausch. Obwohl von blossem Auge normalerweise nicht sichtbar, können diese Energien, die die schützende Hülle der Aura bilden, durch die Technik der Kirlian-Fotografie sichtbar gemacht werden (siehe die Abbildung des Blattes auf der gegenüberliegenden Seite). Krankheiten entstehen aufgrund eines Ungleichgewichts der Energien, hervorgerufen durch Störungen auf emotionaler oder geistiger Ebene oder auf physischer Ebene verursacht durch Viren oder Bakterien. Farbanwendungen, die bei diesen Grundursachen ansetzen, können dem Körper helfen, sich selbst zu heilen. Sie stellen ein machtvolles Mittel dar zur Behandlung verschiedenster Störungen von kleineren Unpässlichkeiten wie Kopfschmerzen oder allgemeiner Antriebslosigkeit bis zu chronischen Leiden, bei denen eine Farbbehandlung durch die ausgleichende und vitalisierende Wirkung auf die Körperenergien andere Therapien unterstützen und verstärken kann. Die Farbtherapie eignet sich insbesondere auch zur Behandlung von stressbedingten Hautproblemen, wie Ekzemen und Schuppenflechte, und von Depressionen, einschliesslich der sogenannten «Winterdepression».

Durch die Vermittlung eines umfassenden Verständnisses der natürlichen Energien der Farben öffnet Ihnen dieses Buch Auge und Seele für die Wunderwelt der Farbe.

INHALTSVERZEICHNIS

Einleitung

Das Erleben der Farben ist eines der ganz besonderen Privilegien, die wir auf diesem unserem Planeten geniessen können.

Was wir als Licht wahrnehmen, ist ein Teil des grossen Spektrums elektromagnetischer Energien, die von der Sonne ausgesandt werden und auf die Erde gelangen. Die Lichtwellen werden von den Objekten, auf die sie auftreffen, reflektiert, von den Augen aufgenommen und im Gehirn je nach ihrer Wellenlänge als die verschiedenen Nuancen des Farbspektrums interpretiert. Die Farben unserer Welt sind also eigentlich Farben in unserem Gehirn. Wie John Stewart Collis es in seinem Buch «The Vision of Glory» ausdrückt: «Wir sehen die gelbe Narzisse aus dem Boden wachsen, und es erscheint uns selbstverständlich, dass ihre Farbe, die einen wesentlichen Teil von ihr darstellt, zu ihr gehört, mit ihr wächst. Doch dem ist nicht so: Das Gelb der Narzisse, das Rot der Rose war acht Minuten zuvor noch in der Sonne.»

Die Farbwahrnehmung beruht auf einem komplizierten Zusammenspiel von Faktoren: einerseits auf Augen und Gehirn als wahrnehmenden Organen, andererseits auf dem Zusammenwirken von Gasen, Feuchtigkeit und Staubpartikeln in der Erdatmosphäre, welche die Strahlen der Lichtenergie filtern, reflektieren und brechen. Ohne die Erdatmosphäre gäbe es auf der Erde kein Leben und

kaum Farbe. Zu viele Partikel in der Atmosphäre, bedingt durch natürliche Ursachen oder Luftverschmutzung, können wie eine Decke wirken, die von einem Teil der Lichtstrahlen nicht mehr durchdrungen werden kann. Die solchermassen reduzierte Lichtmenge vermindert auch – ähnlich wie beim Schwinden des Lichts in der Dämmerung – die Farbwahrnehmung und macht die Welt grau und eintönig.

Die Menschen nehmen Farben nie in genau derselben Art und Intensität wahr. Wir neigen dazu, Farbe als ein rein physikalisches Phänomen, vermittelt einzig durch unseren Sehsinn, aufzufassen. Doch als eine Form von Energie wirkt Farbe auf allen Ebenen unseres Seins, auf der geistigen, emotionalen, körperlichen und seelischen Ebene. Daher werden ihre Wirkungen auch von Blinden wahrgenommen, die auf die Energien der Farben ebenso, aufgrund der erhöhten Sensibilität der übrigen Sinne oft sogar noch stärker ansprechen als Sehende.

Beim Durcharbeiten dieses Buches werden Sie entdekken, dass jede Farbe ihre eigenen Merkmale und Wirkungen hat. Einige davon benützen Sie vielleicht intuitiv in Ihrer Kleidung und in Ihrem Make-up, um Ihre wahren Gefühle und Absichten zu unterstreichen oder zu verbergen. Manche sind zum stehenden Begriff geworden, wie zum Beispiel in der Wendung «rot vor Wut». Extreme Gefühlsäusserungen sind oft Ausdruck eines Ungleichgewichts oder einer Blockade im Fluss der Farbenergien in und aus dem Körper. Eine genaue Analyse solcher Ungleichgewichte kann Krankheiten anzeigen, bevor diese sich im physischen Körper manifestieren; mit farbtherapeutischer Behandlung, zum Beispiel mit farbigem Licht, kann man den Energiefluss wieder ausgleichen.

Weitere Kapitel dieses Buches beschreiben verschiedene Techniken der Farbdiagnose, wie zum Beispiel die Farben der Aura lesen oder die Wirbelsäulendiagnose mit Hilfe des Pendels oder durch Erspüren der Energien Zur Erleichterung der Arbeit enthält das Buch auch Diagnosetafeln, die zugleich eine Auswahl passender Behandlungsmethoden angeben. Einige der Behandlungen sind so einfach, dass Sie sie selbst unmittelbar anwenden können; manchmal genügt schon eine Veränderung der Farben zu Hause oder am Arbeitsplatz. In anderen Fällen bedarf es spezieller Techniken, die unter Aufsicht eines erfahrenen Therapeuten stehen sollten, etwa der Einsatz von Kristallen oder von farbigem Licht.

Die Übungen in diesem Buch, vor allem die Atem-, Visualisations- und Meditationsübungen, erhöhen Ihre Farbwahrnehmung und machen Ihre Sinne empfänglicher für die heilenden Farbenergien. Dies wirkt sich auf alle Ebenen des Seins wohltuend aus, auf die körperliche, die geistige, die emotionale und, was von besonderer Bedeutung ist, auch auf die seelische.

Ohne Leben gibt es kaum Farbe, ohne Farbe kein Leben.

KAPITEL 1

Die Farben unserer Welt

Die Bedeutung der Farbe

Unser ganzes Leben lang sind wir in Farben eingetaucht. Schon vom Moment der Empfängnis an durchdringt Licht die durchlässige Haut und die Muskulatur und hüllt den sich entwickelnden Fötus in einen rotgoldenen Schein. Hineingeboren in eine Welt der Farben, wachsen wir, umgeben von den Farben der Umwelt und unseres Heimes, auf. Wir kleiden uns bunt, essen farbige Nahrung und treffen täglich Entscheidungen aufgrund von farbbestimmten Eindrücken. Selten oder gar nie haben wir Wahrnehmungen, die frei von Farbeindrücken sind, etwa die eines weissen, ungeformten Raumes oder völliger Dunkelheit. Im Gegenteil, durch den ständig wechselnden Kontrast zwischen Hell und Dunkel erleben wir erst die Farben unserer menschlichen Welt.

Farbe beherrscht unsere Sinne. Bereits im frühen Kindesalter nehmen wir unsere Umwelt anhand von Farben ebenso wie von Formen und Klängen wahr. Unsere Ansprechbarkeit auf Farben ist so stark, dass Kinder bis zu einem Alter von fünf, sechs oder gar mehr Jahren bei der Aufgabe, bunte Formen zu sortieren, diese automatisch nach Farben anstatt nach Formen ordnen. Dabei verläuft die Entwicklung bei Jungen und Mädchen verschieden: Mädchen bewahren ihre Ansprechbarkeit auf Farben, wogegen Jungen zu einem früheren Zeitpunkt stärker auf Formen reagieren.

Das ganze Leben hindurch dienen uns Farben als Interpretationshilfe für das, was wir sehen. Graues Haar spricht für fortgeschrittenes Alter, graue Landschaften stehen für Stadtgegenden, ein roter Apfel verrät seine Reife, ein rotes Verkehrslicht bringt uns zum Anhalten. Farbkodierungen leiten uns in bestimmten Institutionen, im Verkehr und bei so praktischen Dingen wie der Stromverteilung bei elektrischen Leitungen. Farben geben uns viele Aufschlüsse über unsere Umgebung und helfen uns sogar, uns geografisch zu orientieren, zum Beispiel anhand des Schimmers des örtlichen Gesteins oder der Farbtöne einer Landschaft.

Farbbotschaften

Durch die Farben unserer Kleidung machen wir Aussagen über unsere Stimmungen, und ebenso können wir daran erkennen, wie sich andere Menschen fühlen. Die uns umgebenden Farben haben einen spürbaren Einfluss auf unseren Gemütszustand und unsere Gefühle – die Farbe eines roten Raumes erzeugt deutlich andere Empfindungen als ein blau gestrichener. Die Farbgebung ändert die Menge und die Art des Lichtes, das von den Augen, der Haut und sogar den tiefer gelegenen Schichten der Gewebe und Organe empfangen wird. Farbe wird auch in unserer Alltagssprache in starkem Masse mit den Emotionen in Verbindung gebracht. Indem

Dunkelheit und Licht

«Im Anfang schuf Gott Himmel und Erde. Die Erde aber war wüst und leer. Finsternis lag über dem Abgrund, und der Geist Gottes schwebte über den Wassern. Da sprach Gott: ‹Es werde Licht!›»
Genesis 1, 1

Die Energie des Lichts entsprang der Dunkelheit; Dunkelheit erfüllte die Welt, bevor ihr Gegensatz, das Licht, entstand. Wir benötigen zum Leben sowohl Licht wie auch Dunkelheit, genauso wie auch Pflanzen beides zum Keimen brauchen.

Gott schläft im Gestein
Gott träumt in der Pflanze
Gott bewegt sich im Tier
Gott erwacht im Menschen.

Atte chinesische Weisheit

wir Menschen beschreiben als «rot vor Wut», «gelb vor Neid», «kreideweiss vor Angst», verwenden wir übliche Farbassoziationen, in denen vielleicht mehr Wahrheit steckt, als uns bewusst ist.

Solche Zuordnungen sind nur ein Teil unserer lebenslangen Beziehung zur Farbe. Wir leben ganz im Rhythmus der Farben und ihrer Veränderungen, die die Vergänglichkeit der Zeit und den Kreislauf der Jahreszeiten anzeigen. Im Verlauf des Tages verändert sich das Licht ständig in unendlich vielen Schattierungen. Das tiefe Himmelsblau vor Sonnenaufgang weicht dem helleren des Morgens, die Helligkeit des Mittags wird abgelöst vom gelblichen Licht des Nachmittags, gefolgt vom rötlichen Schein der Abendsonne. Diese Veränderungen können so fein abgestuft sein, dass sie kaum bemerkt werden, und doch prägen sie unsere Wahrnehmung des vorbeiziehenden Tages (siehe rechts). Auch die Jahreszeiten haben ihre besonderen Farben, das frische Grün des Frühlings wird im Verlauf des Sommers kräftiger und intensiver, um nur wenige

Farbe und Fotografie

Sie können mit Hilfe Ihrer Kamera experimentieren und den Wechsel der Farben im Verlauf eines klaren Tages einfangen. Suchen Sie sich einen Ort, von dem aus Sie Aufnahmen von grünem Gras, dem blauen Himmel und roten oder orangen Gegenständen, zum Beispiel Blumen, machen können, und zwar machen Sie diese Aufnahmen jeweils früh am Morgen, vormittags, mittags, nachmittags und am Abend.

Monate später in einem Feuerwerk von Orange, Gelb und Gold aufzugehen. Der Winter zeigt ein strenges Gesicht mit nur wenigen lebhaften Farben. Manchmal bedeckt eine Schneeschicht das letzte noch verbliebene Grün, so dass nur noch der Kontrast zwischen Hell und Dunkel übrigbleibt.

Heute leben wir in Häusern, die zu jeder Tages- und Nachtzeit beleuchtet und deren Temperatur nach Belieben gesteuert werden kann, was zur Folge hat, dass wir die natürlichen Rhythmen des Tages- und Jahreslaufs viel weniger hautnah und unmittelbar erleben.

Reaktionen auf das Unsichtbare

Neben dem sichtbaren Licht sendet die Sonne auch noch andere, hochenergetische kosmische Strahlen aus, Ultraviolett-, Gamma- und Röntgenstrahlen, die, ohne von uns bewusst wahrgenommen zu werden, ständig auf uns einwirken. Die Erdatmosphäre, im besonderen die Ozonschicht, schützt uns vor den schädlichsten Auswirkungen dieser Strahlung, doch ist ihre Wirkung erst wenig erforscht.

Licht als sichtbare Energie

Licht ist elektromagnetische Strahlung, also Energie. Die Augen übersetzen die Energie des Lichtes in Signale, Nervenimpulse, die das Gehirn dann auswertet: dieser Vorgang wird als «sehen» bezeichnet. Das sichtbare Licht setzt sich aus jenen Farben zusammen, die uns vom Regenbogen her bekannt sind. Es stellt nur einen Teil des gesamten grösstenteils von der Sonne ausgehenden Spektrums dar, das uns umgibt (siehe Seite 34). Obwohl die Energien von Infrarot und Ultraviolett ausserhalb unseres Sehvermögens liegen, haben sie dennoch einen gewissen Einfluss (siehe links).

Licht und Farbe haben sowohl auf den Körper wie auch auf den Geist eine starke Wirkung. Ob wir uns dessen bewusst sind oder nicht, wir reagieren physisch, mental und emotional auf das Wechselspiel der Farben.

- Physische (körperliche) Reaktionen auf Farben:
  Als Grundregel gilt, der rote Bereich des Spektrums erzeugt Spannung im Körper, im Gegensatz dazu wirkt der blaue Bereich eher entspannend. Die Bestrahlung mit rotem Licht wirkt blutdrucksteigernd, während blaues Licht diesen eher senkt.
- Mentale Reaktionen auf Farben:
  Farbe verändert die Wahrnehmung; so wirkt beispielsweise ein roter Raum kleiner als ein blauer.
- Emotionale Reaktionen auf Farben:
  Farben beeinflussen die Gefühle des Betrachters, und zwar je nach den körperlichen Empfindungen und den dazugehörigen psychischen Assoziationen, die sich in der persönlichen Entwicklung seit der frühen Kindheit herausgebildet haben. Allgemein wirkt etwa Rot erregend, wogegen Blau besänftigt.

Farbe und Physiologie

Farbe prägt nicht nur die Umwelt, sie wirkt auch ständig auf unseren Körper ein und ist damit fast ebenso bedeutsam wie die Nahrung, die wir zu uns nehmen. Experimente an Pflanzen, die zur

Die farbenprächtigen Glasfenster der Kathedrale von Chartres (rechts) verwandeln das Licht in Farben, die eine spirituelle Dimension eröffnen. Die Kunst des Glasfärbens erreichte ihre Hochblüte im 12. und 13. Jahrhundert. Sie beruht im wesentlichen auf der Eigenschaft von gewissen Metalloxiden, das Licht zu «halten». Dadurch entsteht eine besondere Atmosphäre, die Meditation und Gebet fördert.

Bildung von Kohlehydraten Licht benötigen, zeigten enorme Unterschiede im Wachstum, wenn die Pflanzen einmal nur rotem, das andere Mal nur grünem Licht ausgesetzt wurden. Wurden Senf- und Kressesamen ausschliesslich rotem Licht ausgesetzt, brachten die Pflänzchen nur kleine Blätter hervor, die einen bitteren Geschmack aufwiesen, und unter ausschliesslich grünem Licht entwickelten sich generell schwache Pflanzen. Unter blauem Licht jedoch entstanden aus den Samen schöne, gut entwickelte Pflanzen, die zwar langsam wuchsen, aber einen sehr süssen Geschmack hervorbrachten.

Von allen Farben besitzen Rot und Blau die markanteste Wirkung auf den menschlichen Organismus. Rotes Licht erhöht die Muskeltätigkeit, den Blutdruck ebenso wie die Herz- und Lungentätigkeit. Blau hat die entgegengesetzte Wirkung und wird deshalb häufig unter Schlaflosigkeit Leidenden empfohlen (siehe auch Seite 101).

Die Wirkung von Farben auf unseren Körper geschieht nicht nur über den Sehvorgang. Die obersten Schichten der Haut und der Gewebe und sogar der Schädelknochen sind überaus empfindlich gegenüber ultraviolettem Licht. Die Bestrahlung des ganzen Körpers mit blauem Licht galt lange Zeit als Heilmittel für Kinder mit Gelbsucht. Ultraviolettes Licht regt die Haut zur Melaninproduktion an (dadurch entsteht die Sonnenbräunung) und zur Bildung des für den Kalziumstoffwechsel so wichtigen Vitamins D. Schulkinder, die in Russland unsichtbarer ultravioletter Bestrahlung ausgesetzt wurden, schienen schneller zu wachsen, weniger Erkältungen zu bekommen und bessere Leistungen zu erbringen. Andere Experimente bewiesen, dass Blinde in gleicher Weise auf Farben reagieren wie Sehende, manche waren selbst dazu fähig, Farben mit grosser Genauigkeit zu bestimmen. Einige Blinde konnten, indem sie lediglich mit der Hand über eine farbige Fläche fuhren, die Farbe aufgrund der Luftdichte feststellen. Die Luft über einem roten Gegenstand fühlt sich dichter an als die über einem blauen.

Die vom sichtbaren und unsichtbaren Spektrum empfangenen Lichtimpulse werden verarbeitet und mittels Hormonwirkstoffen im Blut an jede einzelne Zelle des Körpers weitergeleitet (siehe links). Dadurch wird erst ein ausgeglichenes, harmonisches Zusammenspiel der Vorgänge innerhalb des Organismus und des Organismus mit dem äusseren Universum möglich.

Zuviel oder zuwenig Licht kann das allgemeine Wohlbefinden und die Gesundheit beeinträchtigen. Menschen, die ungenügend mit Licht versorgt sind, entweder weil sie sich über zu lange Zeit in Räumen mit künstlicher Beleuchtung aufhalten oder weil sie in Breitengraden leben, in denen im Winter die Sonne kaum scheint,

Das Licht und die Steuersysteme des Körpers

Die auf das Auge auftreffenden Lichtwellen lösen auf der Netzhaut Nervenimpulse aus, die als kodierte Botschaft über den Sehnerv zum Sehzentrum in der hinteren Grosshirnrinde geleitet werden. Einige der Impulse stimulieren auf ihrem Weg auch den Hypothalamus, Sitz der biologischen Uhr des Körpers und Zentrum der Steuerung des Schlaf-Wach-Rhythmus, der Nahrungsaufnahme und anderer wichtiger Funktionen wie Körperwärme und Wasserhaushalt.

Der Hypothalamus beeinflusst die Hirnanhangdrüse und die Zirbeldrüse. Diese Drüsen erhalten auch von sämtlichen Zellen des Körpers Rückmeldungen bezüglich der Menge und Farbqualität des auf den Körper auftreffenden Lichts. Hirnanhangdrüse und Zirbeldrüse steuern die Funktionen des Körpers, indem sie Hormone produzieren, die selbst wiederum andere Drüsen stimulieren, wie die Nebennieren und die Geschlechtsdrüsen, und den Stoffwechsel des Körpers regulieren.

leiden häufig unter einer Art Winterdepression, auch als jahreszeitlich bedingte Störung bekannt (siehe Seite 36/37). Übermässige Lichtzufuhr beschleunigt die Entwicklung und das Altern. So beginnt die Menstruation bei Mädchen, die in den über den normalen Tag-Nacht-Rhythmus hinaus beleuchteten Stadtgebieten aufwachsen, früher als bei Mädchen aus ländlichen Gegenden, die einem normalen Tag-Nacht-Rhythmus ausgesetzt sind.

Die Geschichte der Farbe

Ägypten

Auf einem altägyptischen Papyrus aus dem Jahre 1550 v. Chr. sind eine Reihe von Heilmitteln jeweils in Verbindung mit einer Farbe aufgeführt, zum Beispiel rotes Blei, schwarze Eidechsen und Grünspan, ein grünes Kupfersalz, das, mit Käferwachs vermengt, zur Behandlung von grauem Star am Auge Verwendung fand. Die Ägypter sollen auch Tempel für Farbheilungen errichtet haben und für gewisse Krankheiten pulverisierte Edelsteine als Heilmittel benutzt haben, zum Beispiel gelben Beryll gegen Gelbsucht.

China

Die Chinesen haben schon immer Krankheiten diagnostiziert, indem sie die «Farben des Pulses» lasen, die Hautfarbe und die Tönung der Gewebe und Organe prüften. Ein roter Puls steht für Dumpfheit des Herzens, ein gelber Puls weist auf einen gesunden Magen hin. Das «Nei Ching», ein vor fast 2000 Jahren verfasster medizinischer Text vermerkt zur Diagnose der inneren Organe: «Wenn die Eingeweide grün sind wie die Flügel des Eisvogels, dann sind sie voll von Leben, wenn sie grün sind wie das Gras, sind sie ohne Leben.»

Europa

Farbe ist auch ein wesentlicher Bestandteil der Lehre von den Vier Säften. Dieses vermutlich aus Ägypten stammende medizinische System war seit der Zeit der alten Griechen und Römer bis zur Renaissance in ganz Europa verbreitet. Jedem Säftetyp war eine eigene Farbe zugeordnet: rotes Blut, schwarze Galle, gelbe Galle und weisser Schleim. Ein Ungleichgewicht der Säfte zeigte sich in den Färbungen von Haut, Zunge, Urin und Stuhl.

Ungleichgewichte korrigieren

Farbtherapeuten können Störungen des inneren Energiegleichgewichts beheben. Sie machen sich dabei altbewährtes Wissen zunutze, das teilweise seit hundert und mehr Jahren erprobt worden ist. Zu ihren Methoden gehören die Verwendung von Voll-Spektrum-Lampen, farbigen Edelsteinen, Kristallen, Seidentüchern und Formen; sie verordnen das Tragen farbiger Kleider, das Trinken sonnenbestrahlten Wassers, das Essen farbiger Nahrung und die Anwendung gefärbter Öle bei der Massage (siehe Kapitel 6). Zusätzlich erhöhen Techniken wie Farbvisualisationen, Farbatmen und Bewegungsübungen die Wirkungen der Farbtherapie. Ein Farbtherapeut kann in einer, einigen oder all diesen Techniken ausgebildet sein. Die Verwendung von Voll-Spektrum-Lampen ist wahrscheinlich die wirkungsvollste Heilmethode, die dem Farbtherapeuten zur Verfügung steht.

Die Farbe von Kleidung und Make-up

Die meisten Menschen beachten Farben in erster Linie im Zusammenhang mit ihrer Kleidung, dem Make-up sowie der Gestaltung der Wohnräume und des Arbeitsplatzes. Die Wahl unserer Kleidung kann Gefühle und Empfindungen widerspiegeln. Farben können auch einen Heilungsprozess unterstützen (siehe Seite 105). Kosmetik- und Stilberater behaupten, dass manche Frauen sich besser fühlen – und damit Gesundheit und Wohlbefinden steigern –, wenn sie ihrem Gesicht gewisse Farben hinzufügen. Wahres Selbstbewusstsein kommt jedoch natürlich von innen, und ein strahlendes Gesicht ist das Ergebnis von gesunder Lebensweise und Ernährung, von Glück und Wohlbefinden, die auf jener inneren Harmonie beruhen, auf die ein Farbtherapeut hinarbeitet.

Der Schweizer Maler und Kunstpädagoge Johannes Itten (1888–1967) entwickelte in den zwanziger Jahren des 20. Jahrhunderts als Lehrer am Bauhaus in Weimar seinen Farbkreis, in dem er

Der Farbkreis von Johannes Itten

Die Arbeit von Johannes Itten am Bauhaus führte zur Entwicklung eines grafischen Hilfsmittels, welches es Künstlern ermöglicht, sich die Wirkung einer Farbmischung im voraus vorzustellen.

Pigmente von Primärfarben werden miteinander gemischt, um Sekundärfarben zu erzeugen. So ergeben zum Beispiel Gelb und Rot zusammen Orange, eine Sekundärfarbe. Wird nun Orange mit Gelb gemischt, entsteht Gelb-Orange, eine Tertiärfarbe. Ittens Farbkreis zeigte auch auf, wie sich eine Farbe durch Hinzufügen von Schwarz und Weiss verändert. Auf diese Beziehungen legte er deshalb soviel Wert, weil er festgestellt hatte, dass zwei Farben harmonisch wirken, wenn sie zusammen einen neutralen Grauton ergeben.

*Wirkung und Form des Gesichtes
können durch Färben der Haare und
Schminken von Haut, Lippen und
Augen verändert werden. Dies mag
zwar zu einem besseren Selbstwertgefühl beitragen, ersetzt jedoch nie das
natürliche Strahlen, das ein gesundes
Wohlbefinden in einem Gesicht hervorbringt.
Die Farbtherapie setzt bei dieser
inneren Harmonie an. Dabei hat die
äusserliche Anwendung von farbigen
Stoffen und Ölen lediglich eine unter-
stützende Funktion neben der weitaus
wirkungsvolleren Behandlung mit den
Farben des Voll-Spektrum-Lichts.*

die Beziehungen zwischen den Farben und ihre Wirkungen aufein-
ander darlegte.

Itten betrachtete den Kontrast zweier Farben nicht nur aufgrund
ihrer Tönung, sondern auch anhand ihrer «kalten» oder «warmen»
Ausstrahlung. Rot-Orange gilt als wärmste und Blau-Grün als käl-
teste Mischung. Gelb, Gelb-Orange, Orange, Rot und Rot-Violett
zählen zu den warmen Farben; Gelb-Grün, Grün, Blau, Blau-Vio-
lett und Violett wirken kalt. Die dazwischenliegenden Töne können entsprechend der darauf folgenden Farbe jeweils kälter oder
wärmer erscheinen.

Itten beschäftigte sich auch eingehend mit den Beziehungen
zwischen Farbe, Form und Musik. Ihm fiel auch auf, dass die
Farbvorlieben seiner Studenten und Studentinnen in bezug zu ihrer
Haut-, Haar- und Augenfarbe standen. Seine Beobachtungen bilde-
ten unter anderem auch die Grundlage für eine erfolgreiche kosme-
tische Beratungsform, die Haut-Farb-Analyse.

Farbe zu Hause und bei der Arbeit

Über Jahrtausende stand dem Menschen zum Färben nur eine äusserst begrenzte Anzahl von Pigmenten zur Verfügung. Künstler, Färber und Glasmacher waren darauf angewiesen, ihre Farbstoffe aus natürlichen Quellen, von Tieren, aus Erde und Mineralien, Hölzern und Pflanzen zu gewinnen. Mit der Entwicklung der synthetischen Farbstoffe in der Mitte des 19. Jahrhunderts eröffnete sich schlagartig eine unermessliche und bis heute ständig wachsende Vielfalt an Farbstoffen. Mit den Möglichkeiten der modernen Technik können durch Zugabe von kleinsten Mengen schwarzer oder weisser Pigmente zu den Grundfarben des Spektrums Myriaden von verschiedenen Tönungen und Schattierungen erzeugt werden.

Mit dieser Fülle an verfügbaren Farben wuchs auch das Bedürfnis nach Information über ihre besonderen Wirkungen und ihren optimalen Einsatz zu Hause, in Spitälern und Schulen, Büros und

Bei Kindern im Alter von sechs bis sieben Jahren verstärkt Rosa sowohl die emotionale als auch die aktive Teilnahme am Unterricht. In der Waldorfschule in Göttingen (unten) verändert sich die Farbgebung in den Klassenräumen in feinen Abstufungen hin zu Gelb für die Zwölfjährigen, was der zunehmenden geistigen Aktivität entspricht. Im folgenden Jahr ist das Schulzimmer in sanftem Grün gehalten; dies hilft, die Gedanken auszugleichen und die Urteilsfähigkeit zu stärken.

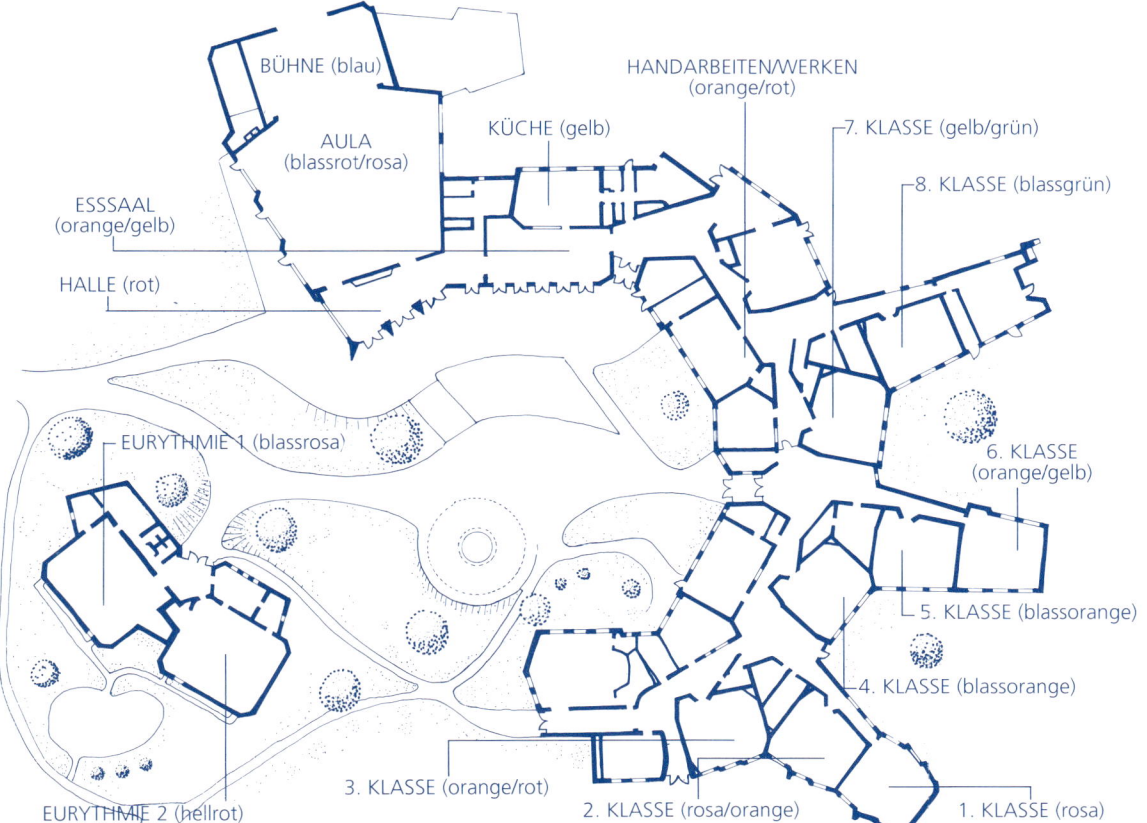

BÜHNE (blau)

HANDARBEITEN/WERKEN (orange/rot)

KÜCHE (gelb)

7. KLASSE (gelb/grün)

AULA (blassrot/rosa)

8. KLASSE (blassgrün)

ESSSAAL (orange/gelb)

HALLE (rot)

EURYTHMIE 1 (blassrosa)

6. KLASSE (orange/gelb)

5. KLASSE (blassorange)

4. KLASSE (blassorange)

3. KLASSE (orange/rot)

2. KLASSE (rosa/orange)

1. KLASSE (rosa)

EURYTHMIE 2 (hellrot)

Fabriken. Für jeden Raum kann eine seinem Zweck entsprechende Farbe gewählt werden. Als Ausgangspunkte dienen die warmen und kalten Farben (siehe den Farbkreis Seite 22). Warme Farben stimulieren Aktivität, kühle Farbtöne haben eher beruhigende Wirkung. Türkis ist zum Beispiel gut geeignet für Küchen. Es vermittelt Frische und fördert ruhige Aktivität. Leuchtende Farben erhöhen die Wachsamkeit und sollten in der Küche dort eingesetzt werden, wo potentielle Gefahren drohen. Schlafzimmer bedürfen entspannender Blau- und Grüntöne, wogegen Arbeitszimmer eher nach den mehr anregenden Rot- oder Braunschattierungen verlangen, je nachdem in welcher Stimmung die Arbeit verrichtet werden soll. Grüntöne und sanfte Orangeschattierungen lassen einen Raum gemütlich und friedlich wirken, gut geeignet für Esszimmer und Orte der Geselligkeit. (Siehe die zusammenfassende Tafel auf Seite 28/29.)

Rudolf Steiner (1861–1925), der Begründer der Anthroposophie, dessen Wirken sich vor allem in seinen philosophischen Vorträgen und in seinem Erziehungswerk niederschlug, untersuchte unter anderem auch die Wirkung von Farben auf den Menschen. Daraus entwickelte er seine Lehre zur Farbwahl in Schulräumen. Da nach Rudolf Steiner das Lernen des Kindes massgeblich durch die sich entfaltende Spiritualität bestimmt wird, empfahl er der jeweiligen seelischen Entwicklungs- und Altersstufe angepasste Farben (siehe links). 1919 wurde in Stuttgart die erste Schule eröffnet, die diese Gesichtspunkte berücksichtigte.

Die Farbgebung in Krankenzimmern kann den Heilungsprozess unterstützen. Besonders in psychiatrischen Kliniken haben entsprechend gewählte Raumfarben dramatische Wirkung gezeigt. Die folgenden Grundregeln, die für Krankenhäuser von besonderer Bedeutung sind, mögen als Anhaltspunkte dienen. Verwenden Sie Rot zur Steigerung der Vitalität, Orange für mehr Freude, Gelb für Sorglosigkeit, Grün, um Gleichgewicht herzustellen, Türkis zur Verstärkung der Abwehrkräfte, Blau zur Beruhigung; Violett bewirkt Ehrfurcht, und Magenta, ein bläuliches Rot, hilft Veränderungen herbeizuführen (siehe auch Seite 28/29).

Diesen Grundregeln folgend, könnte Blau in Nervenheilanstalten durchaus überwiegen. Die Patienteneingänge sollten in Violett gehalten sein, um ein Empfinden von Würde zu vermitteln. Die Personaleingänge sollten dagegen orange sein, um den Arbeitstag freudvoll beginnen zu lassen. Die einzelnen Schlafräume könnten den jeweiligen Bedürfnissen der Patienten angepasst werden. Lethargischen Patienten würde ein in Rosa gehaltener Raum guttun, nervlich überreizte Menschen brauchen Türkis, und Blau besänftigt Ruhelose.

Die Farbe der Verpackung

Der Psychologe Max Lüscher vertritt die These, die Verpackung eines Produktes müsse mit dem Bedürfnis, das durch das Produkt gedeckt werden soll, korrespondieren. Dunkelblau verpackte Erzeugnisse bieten Sicherheit an, wogegen eine Ware in Rot-Gelb-Tönen dem versteckten Wunsch entgegenkommt, etwas zu erreichen, erfolgreich zu sein.

In Büros, Fabriken und an anderen Arbeitsorten wird die Farbgestaltung zum Zweck der Steigerung von Produktivität und Effizienz eingesetzt. Immer mehr Firmen und Organisationen berücksichtigen die Farbgebung als wichtigen Teil der Gestaltung eines Gebäudes.

Eine lärmerfüllte Umgebung wird mit Hilfe von Grün besser ertragen. Blau wirkt an Arbeitsplätzen mit grosser Hitzeentwicklung kühlend, und vereinzelt gesetzte Akzente in Rot halten in Bewegung. Zuviel von einer Farbe kann jedoch das Gegenteil der beabsichtigten Wirkung hervorrufen: Übermässig viel Rot macht aggressiv, zuviel Grün fördert die Trägheit. Farben haben auch in verschiedenen Bereichen unserer modernen Gesellschaft ganz bestimmte Signalfunktionen: Feuerwehr und Feuerlöschgeräte sind rot ebenso wie Stoppschilder, Verbotsschilder und Gefahrenzeichen, die Farbe Grün wird gewöhnlich für Notausgänge oder Fluchtwege verwendet.

Kommerzielle Produktegestaltung

Um ihre Produkte besser vermarkten zu können, studieren die Verkaufs- und Werbefirmen die Farbassoziationen und -vorlieben ihrer Kunden. Bei der Verpackung eines Produktes spielt die Farbe eine entscheidende Rolle: Sie dient nicht nur dazu, das Produkt attraktiv zu gestalten, sondern zugleich auch schon eine bestimmte Information zu übermitteln. So wird zum Beispiel Zucker in blau-rosa oder blauen Paketen angeboten, da diese Farben – ganz anders etwa als Grün – mit «Süss» in Verbindung gebracht werden. Untersuchungen mit Waschpulver haben ergeben, dass die Art der Verpackung einen entscheidenden Einfluss auf das Kaufverhalten der Kunden hat. Obwohl das Pulver in drei Versuchspackungen identisch war, behaupteten die Testpersonen, dass das Gelb verpackte Pulver zu stark, das aus der blauen Schachtel jedoch zu schwach sei. Bevorzugt wurde das Waschmittel aus dem blau-gelben Karton. Ähnliche Untersuchungen zeigten, dass die gleiche Kaffeesorte für zu stark befunden wurde, wenn sie in einem braunen Gefäss angeboten wurde, in einem blauen Gefäss wurde sie für zu mild gehalten, in einem gelben für zu schwach und in einem roten für zu üppig.

Schnellimbissrestaurants sind häufig in Rot-, Gelb- und Weisstönen eingerichtet. Rot macht den Ort warm und einladend, aber auch anregend, so dass der Durchlauf beschleunigt wird. Gelb unterstreicht zusammen mit Weiss den Eindruck von hygienischer Sauberkeit. In dieser Kombination entsteht ein Ort, an dem sich der Kunde entspannen und sein Mahl geniessen kann, jedoch nicht zu lange verweilt.

Die warmen Orangetöne, die bei der Gestaltung dieses Esszimmers verwendet wurden (rechts), unterstützen die Wirkung eines geselligen Zusammenseins mit Freunden.

Zusammenfassung der Farbwirkungen

Die folgende Übersicht zeigt die Eignung und Wirkung der in der Raumgestaltung jeweils vorherrschenden Farbe. Diese Tabelle kann als Grundlage dienen, um eine gegebene Einrichtung zu überprüfen oder eine neue zu planen. Die Farbangaben beziehen sich auf ihre Wirkung bei Tageslicht oder Beleuchtung mit einer Voll-Spektrum-Lampe (siehe Seite 36–37). Gewöhnliche Glühbirnen geben den Farben meist einen rot-gelblichen Stich. Das kühle, weisse Neonlicht verändert die Farben ebenso, es lässt sie bläulicher erscheinen.

Farbe	Raum	Anwendung/Wirkung
ROT	Verwendung in Aktiv- räumen, Durchgängen; nicht in Schlafzimmern, Büros, Fabriken und Stress- bereichen.	Lässt Räume kleiner wirken; erhöht den Puls; regt die Atmung an; hält wachsam, steigert das Urteilsver- mögen, regt Aktivität an; sattes intensives Rot wirkt bedrückend und ermü- dend.
ORANGE	Geeignet für Speise- und Unterhaltungsbereiche, Tanzlokale, Durchgänge; nicht für Schlaf-, Studier- und Stressbereiche.	Regt zu Bewegung (Tanz) an; fördert Frohsinn, Freude, Gelöstheit.
GELB	Reines Gelb ist schwer zu verwenden, am besten in Räumen, die allein benutzt werden; nicht für Büros, Schlaf- und Arbeitsbe- reiche.	Fördert Loslösung, bewirkt Nervosität und oberfläch- liche Atmung; nur geeignet für reife Menschen.
GRÜN	Für Orte, wo ein ausgewo- genes Urteilsvermögen ver- langt ist; Theater; nur die wenigsten Wohn- und Lebensbereiche.	Lässt Räume flach, tot und leer wirken; bewirkt Unent- schlossenheit, hemmt Bewegung und macht starr.
TÜRKIS	Für Küche, Bad, Schlaf- zimmer, Behandlungs- räume; nicht für Aktivitäts- und Spielzimmer.	Kühl, beruhigend, erfri- schend und besänftigend; wohltuend bei Nervenrei- zung.

Blasse Farben, wie sie häufig in der Wohnraumgestaltung verwendet werden, haben grundsätzlich die gleichen Wirkungen wie ihre kräftigeren Entsprechungen. Ein kräftiges Blau beispielsweise kann so entspannend wirken, dass es einschläfert, während ein blasses Blau nur leicht löst und entspannt; ein intensives Rot kann so stark stimulieren, dass es schliesslich die gegenteilige Wirkung hat und zu Ermüdung führt, während Rosatöne nur leicht anregen und die Aufmerksamkeit erhöhen.

Zu beachten ist auch, dass reine Farben selten verwendet werden. Die meisten Farben sind gemischt und enthalten feine Tönungen, die zwar auf Anhieb nicht immer erkennbar sind, aber dennoch ihre Wirkung ausüben.

Farbe	Raum	Anwendung/Wirkung
BLAU	Für Schlaf- und Behandlungszimmer, Büros und Stressbereiche; nicht für Speise- und Gesellschaftsräume.	Beruhigend, lösend, fördert Ausatmung und Schlaf. Hilft bei Anspannung, Asthma, Schlaflosigkeit und Nervosität.
VIOLETT	Betonung der Würde des Menschen; für Hospitaleingänge, Orte der Verehrung und der Hingabe, festliche Veranstaltungs- und Vortragssäle; nicht für Behandlungsräume und soziale Einrichtungen.	Verstärkt Hingabe bei Gebet und Meditation; drückt Ehrfurcht und Würde aus; besänftigt die Sinne und den Geist.
MAGENTA Bläulichrot	Für Kapellen, Eingangshallen, Vortragssäle; nicht für Unterhaltungsbereiche.	Die Farbe der spirituellen Erfüllung; vermittelt Gefühle der Zufriedenheit, Ganzheit und Selbstachtung.
SCHWARZ	Nicht zur grossflächigen Verwendung geeignet.	Erhöht die emotionale Reaktionsbereitschaft.
WEISS	Eine starre Farbe, die durch Ornamente, Gemälde, Pflanzen usw. aufgelockert werden muss.	Übertriebene Reinheit; vermittelt den Eindruck eines Mangels an Erfahrung; wirkt kahl.

Kapitel 2

Die Wissenschaft von den Farben

Wie das erste Kapitel zeigte, sind die unmittelbaren Auswirkungen der Farben des eigenen Heims und des Arbeitsplatzes leicht auszumachen und zu beeinflussen. Für ein vertieftes Verständnis der Farbwirkungen und deren Einsatz in der Therapie bedarf es einer genaueren Kenntnis dessen, wie die Farben des Lichts in den Körper gelangen und wie Farbbotschaften vom Körper entschlüsselt werden.

Der Sehvorgang

Von allen Körperorganen sind die Augen für die Wahrnehmung von farbigem Licht am höchsten spezialisiert. Neunzig Prozent der aus dem Licht gewonnenen Sinnesinformationen erhält das Gehirn über die Augen. Der Rest dringt durch die den ganzen Körper umhüllende Haut ein. Das Auge sammelt die sichtbare Information, leitet sie ans Gehirn weiter und ermöglicht so eine bewusste Wahrnehmung dessen, was auf der körperlichen Ebene unbewusst geschieht (siehe Seite 46–49).

Die Physiologie der Licht- und Farbwahrnehmung ist gut erforscht (siehe «Das Licht und die Steuersysteme des Körpers», Seite 20). Das Licht dringt durch die Linse in das Auge ein und wird hinten im Augapfel auf der Netzhaut aufgefangen. Spezialisierte Zellen der Netzhaut, Zäpfchen genannt, reagieren hochempfindlich auf Farbeindrücke. Die Stäbchen, eine andere Gruppe von Zellen, erfüllen die Aufgabe des Hell-Dunkel- beziehungsweise Schwarz-Weiss-Sehens. Sie reagieren empfindlich auf geringste Veränderungen des Lichts, unabhängig von dessen Farbe. Deshalb sind die Stäbchen verantwortlich für das Nachtsehen. Sowohl Zäpfchen wie Stäbchen verwandeln das eintreffende Licht in Nervenimpulse, die der Sehnerv in das Sehzentrum im hinteren Teil des Gehirns überträgt.

Farbenblindheit

Manche Menschen können zwischen bestimmten Farben keinen Unterschied wahrnehmen. Meistens besteht die Schwierigkeit darin, Rot und Blau auseinanderzuhalten; etwa acht Prozent aller Männer und ein Prozent der Frauen sind davon betroffen; andere können Blau und Gelb nicht unterscheiden. Die physiologische Wirkung bestimmter Farben ist jedoch von ihrer Wahrnehmung unabhängig. So hat jede Farbe ihren ganz spezifischen Effekt auf den Körper, selbst wenn Rot und Grün lediglich als schmutziges Braun gesehen werden. Auch bei Blinden ist die Wirkung einer Farbe losgelöst von der Fähigkeit zu sehen; sie empfangen die

Farbinformationen des Lichts vermehrt über die Haut, sogar durch die Kleidung hindurch.

Die Geschichte der Wissenschaft von den Farben

Pythagoras, Plato und Aristoteles entwickelten die ersten Theorien zum Thema Farbe und Sehen. Pythagoras (um 570–um 497 v. Chr.) nahm an, dass die Gegenstände selbst Teilchen aussenden, die diese sichtbar machen. Plato (427–347 v. Chr.) lehrte, dass die Augen Licht ausströmen, welches von den Dingen zurückgeworfen werde und so Informationen über deren Form, Farbe und Grösse vermittle. Aristoteles (384–322 v. Chr.) stellte fest, dass das Licht nicht aus Teilchen, sondern aus Wellen besteht. Obwohl seine Theorie den heutigen Erkenntnissen nahekam, entbrannte für die folgenden zweitausend Jahre ein heftiger Streit zwischen den Vertretern der Wellen- und jenen der Teilchenlehre. Erst Max Planck und Albert Einstein legten zu Beginn des 20. Jahrhunderts den Grundstein der heute gültigen Lehrmeinung, der Quanten-Theorie. Sie vereinigt Elemente von beiden Lehren: Die Lichtenergie pflanzt sich in Bündeln fort, den Photonen, deren Bewegungen Wellenformen annehmen können.

Isaac Newton (1643–1727) entdeckte, dass das Sonnenlicht, obwohl es weiss erscheint, tatsächlich aus einer Mischung von Farben besteht. In einer Reihe von Experimenten leitete er in einem abgedunkelten Raum das Licht eines Sonnenstrahls durch ein Prisma und teilte es in seine Bestandteile auf, die sieben Farben des Regenbogens.

Bevor sich Newton auf die Wissenschaft der Optik konzentrierte, war er als Mathematiker und Philosoph tätig. Wie viele andere Vorreiter der Wissenschaft seiner Zeit hatte auch er einen Hang zum Mystischen. Er entdeckte sieben Farben im Spektrum des Lichts – und sieben ist eine mystische Zahl. Goethe (1749–1832) ging in seinem Werk «Zur Farbenlehre» – mit dem er Newtons Theorien aufs schärfste bekämpfte – von sechs Spektralfarben aus, drei primären, den reinen Hauptfarben der Farbenreihe, Rot, Gelb und Blau, sowie drei sekundären, die sich durch Mischung der primären ergeben. Die Frage, wie viele Farben das Spektrum enthält, bleibt offen; dies hängt davon ab, wie die Farben erzeugt werden, wie sie ineinander übergehen und nicht zuletzt auch, welches die herrschende Lehrmeinung ist.

Farbtherapeuten gehen von acht Farben aus, einschliesslich Magenta und Türkis (siehe Seite 35 und 38/39). Die Farbe Magenta erhält man durch Mischung der beiden Farben an den Enden des Spektrums, Rot und Blauviolett. Sie lässt sich auch deutlich erkennen, wenn man durch ein Prisma auf ein weisses Blatt Papier mit

Wellenenergie

Elektromagnetische Wellen besitzen drei Eigenschaften: Wellenlänge, Frequenz und Amplitude. Im allgemeinen gilt, dass eine Welle mit einer kurzen Wellenlänge, wie zum Beispiel die des ultravioletten Lichts, eine hohe Frequenz und viel Energie hat. Die Amplitude gibt die Höhe einer Welle an und gilt als Mass für deren Intensität oder Helligkeit. Wellen mit grosser Amplitude sind heller als solche mit kurzer.

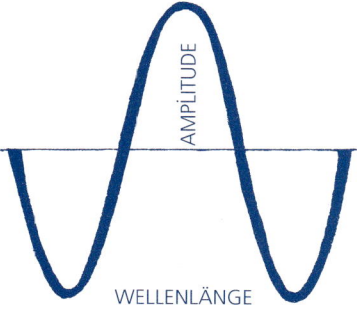

Wird weisses Licht durch vier sorgfältig ausgerichtete Prismen geführt (rechts), so enthalten die austretenden Lichtstrahlen auch die achte Farbe des Spektrums, Magenta (ein bläuliches Rot).

schwarzen Linien und Balken blickt. Indem die Spektralfarben durch den scharfen Kontrast von Schwarz und Weiss in einer ganz bestimmten Weise wiedergegeben werden, entsteht die Farbe Magenta.

Das elektromagnetische Spektrum

Das Universum ist durchdrungen von Energie. Die verschiedensten Himmelskörper, Sterne und Galaxien setzen von ihrer Entstehung bis zu ihrem Verlöschen ungeheure Energiemengen frei. Das Universum ist erfüllt von kosmischen Strahlen; Gamma-, Röntgen- und ultraviolette Strahlen, sichtbares Licht, Infrarotstrahlen sowie Mikro- und Radiowellen machen zusammen das gesamte elektromagnetische Energiespektrum aus. Die verschiedenen Formen elektromagnetischer Energie haben zwei gemeinsame Eigenschaften: Sie bewegen sich mit Lichtgeschwindigkeit und setzen sich jeweils aus einem elektrischen und einem magnetischen Bestandteil zusammen, die im rechten Winkel zueinander schwingen.

Elektromagnetische Energie wird in der Regel als wellenförmig dargestellt. Der Abstand zwischen zwei Wellen heisst Wellenlänge, und die Anzahl von Schwingungen in einer Sekunde ist die Frequenz. Als einfache Faustregel gilt, je länger die Wellenlänge, desto niedriger die Frequenz. Die verschiedenen Formen elektromagnetischer Energie lassen sich nach ihrer Wellenlänge ordnen. Kosmische Strahlen haben die kürzesten Wellenlängen, die höchsten Frequenzen und am meisten Energie. Entsprechend sind sie für Lebewesen die schädlichste Strahlung. Auf der anderen Seite des Spektrums liegen die Radiowellen mit den längsten Wellenlängen, den niedrigsten Frequenzen und der geringsten Energie.

Jenseits des Rotbereichs des sichtbaren Spektrums liegen – mit zunehmender Wellenlänge – die Infrarotstrahlen, die wir als Wär-

Das elektromagnetische Spektrum

Das elektromagnetische Spektrum (unten) umfasst Energien von den kosmischen Strahlen bis hin zu den Radiowellen. Sie werden nach ihrer Wellenlänge, gemessen in Nanometern (nm), eingeteilt. Ein Nanometer entspricht dem millionsten Teil eines Millimeters. Das Spektrum des sichtbaren Lichts reicht von 380 nm im roten bis zu 760 nm im violetten Bereich.

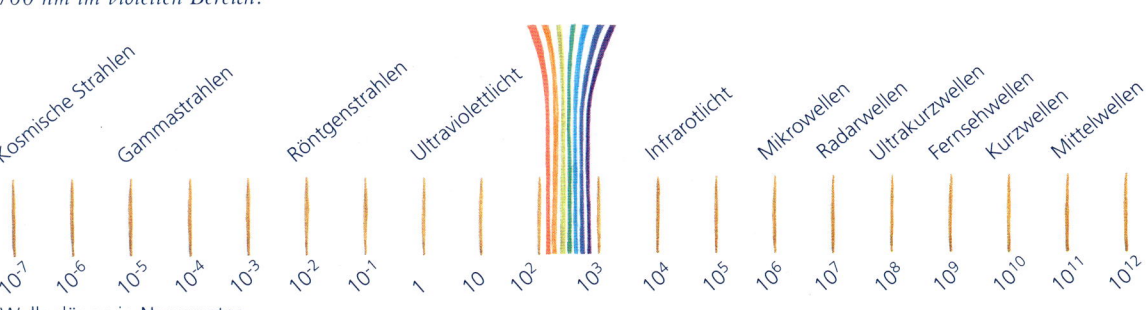

SICHTBARES LICHT

Kosmische Strahlen · Gammastrahlen · Röntgenstrahlen · Ultraviolettlicht · Infrarotlicht · Mikrowellen · Radarwellen · Ultrakurzwellen · Fernsehwellen · Kurzwellen · Mittelwellen

10^{-7} 10^{-6} 10^{-5} 10^{-4} 10^{-3} 10^{-2} 10^{-1} 1 10 10^2 10^3 10^4 10^5 10^6 10^7 10^8 10^9 10^{10} 10^{11} 10^{12}

Wellenlänge in Nanometer

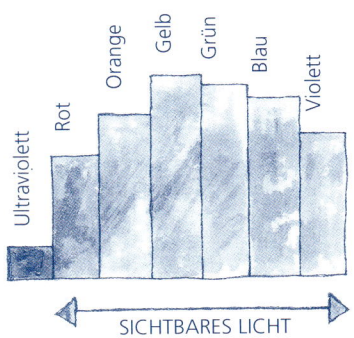

Tageslicht

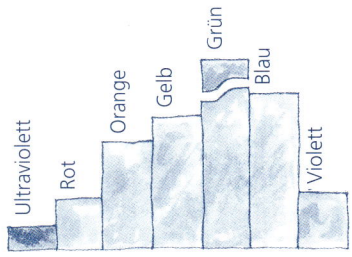

**Neon- oder
Leuchtstofflampe**

*Das von fluoreszierenden Röhren abge-
strahlte Licht gibt nicht das volle Spektrum wieder, es enthält mehr blaue,
grüne und ultraviolette Anteile als rote.*

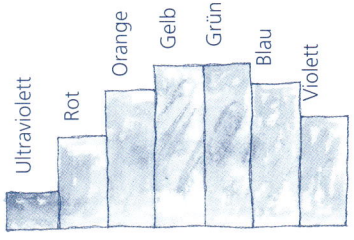

Voll-Spektrum-Lampe

*Dieses Licht entspricht in Ausgewogen-
heit nahezu dem natürlichen Tageslicht: Rot, Blau und Grün sind in etwa
gleicher Menge enthalten.*

me wahrnehmen, dann die im Mikrowellenofen zum Kochen verwendeten Mikrowellen und schliesslich die Wellen, die zur Übertragung von Radio- und Fernsehsignalen eingesetzt werden können. Jenseits des sichtbaren Violettbereichs befinden sich – mit
abnehmender Wellenlänge – die ultravioletten Strahlen, die für die
Hautbräunung und die Bildung von Vitamin D im Körper von
Bedeutung sind, sowie die Röntgen-, Gamma- und kosmischen
Strahlen.

Farbe und Wellenlänge

Jene Energie, die das menschliche Auge wahrnehmen kann, liegt
etwa in der Mitte des elektromagnetischen Spektrums. Die Wellenlängen dieser sichtbaren Energie liegen zwischen 380 Nanometer (nm), was als Rot, und 760 nm, was als Violett wahrgenommen
wird. Jede geringste Veränderung der Wellenlänge innerhalb dieses Bereichs wird vom Auge registriert und als die entsprechende
Farbe interpretiert.

Auch das sichtbare Spektrum ist geordnet. Rottöne haben die
längsten Wellenlängen, die niedrigsten Frequenzen und am wenigsten Energie, während beim Violett das umgekehrte Verhältnis
vorliegt.

Voll-Spektrum-Farbe

Die Energie des Sonnenlichts bringt alle Wellenlängen des
sichtbaren Farbspektrums hervor, in gleichmässiger Verteilung vom
Ultraviolett bis zum Infrarot. Es handelt sich um weisses Licht,
jenes Licht, welches das gesamte Spektrum enthält. Die Farbe eines
Gegenstandes wird erzeugt durch die Wellenlänge des von ihm
reflektierten Lichts. Eine blaue Vase beispielsweise erscheint blau,
weil sie alle anderen Farben des auftreffenden Lichts absorbiert und
nur Blau reflektiert. Ein von der Frühlingssonne beschienener Garten zeigt eine Vielzahl von hellen und dunklen Grüntönen. Die
Tatsache, dass die vielen Schattierungen von Grün alle in gleicher
Strahlkraft und Intensität erscheinen, zeigt, dass alle Wellenlängen
in etwa gleicher Menge im Sonnenlicht vorhanden sind.

Menschen, die sich vorwiegend in Räumen mit künstlicher Beleuchtung aufhalten, lassen das Sonnenlicht mit seiner ausgewoge-
nen Mischung von Farben als wichtige Energiequelle ungenutzt.
Viele leiden daher unter Mangelerscheinungen, landläufig «Winterdepression» oder jahreszeitlich bedingte Störung genannt, die
letztlich eine Folge fehlenden Sonnenlichts und eines Übermasses
an unausgewogener künstlicher Beleuchtung sind. Die Voll-Spek-

trum-Beleuchtung, die oft das ultraviolette Licht mit einschliesst, verhindert die Entstehung solcher Stimmungsschwankungen und Störungen.

In der Farbtherapie werden in der Regel Voll-Spektrum-Lampen verwendet, die hinter gefärbten Filtern angebracht werden. Diese Filter sind aus Quarz gefertigt und mit Gold-, Silber- oder Kupferoxiden gefärbt, um so die wahren Voll-Spektrum-Farben zu erzeugen. Gold bringt Rot hervor, Silber erzeugt Saphirblau, und Kupfer kann das Quarz orange, gelb, blau und türkis färben. Das gefilterte Licht kann Farben aller gewünschten Wellenlängen, Frequenzen und Energien hervorbringen. Gewöhnliches Kunstlicht ist dazu nicht in der Lage, da in ihm bestimmte Wellenlängen in höherem Mass vorkommen als andere. Ein kühles weisses Licht enthält zum Beispiel wenig rote und violette Bestandteile, ist jedoch reich an den dazwischenliegenden Farben. Wenn diesem Licht ein roter Filter vorgeschoben würde, wäre das Licht zwar rot, ihm fehlte jedoch die nötige Vielfalt an Frequenzen, um wirkungsvoll zu sein.

Erweiterungen des elektromagnetischen Spektrums

Bei der Erforschung der Phänomene des Universums machten die Wissenschaftler immer kleinere Teilchen zum Gegenstand ihrer Betrachtungen. Dies läuft dem Gedanken von einer alles umfassenden Ordnung des Universums zuwider. In der jüngeren Forschung jedoch kehrt man vermehrt zu einer ganzheitlicheren Betrachtungsweise der Phänomene zurück.

Durch die Verbindung von Licht, Klang und Materie (siehe rechts) entwickelten die Farbtherapeuten eine neue Sicht des elektromagnetischen Spektrums. Alle diese Erscheinungsformen sind Manifestationen von Energie, teilweise von elektrischen und magnetischen Feldern umgeben und teilweise nicht.

Ebenso wie die Musik harmonische Intervalle hervorbringt, in denen jeder Ton in Beziehung zu den anderen steht, herrschen auch in allem, was lebt, ähnliche Verhältnismässigkeiten. Bei Pflanzen ist das sehr deutlich zu beobachten. Beim Löwenzahn, um nur ein Beispiel zu nennen, wachsen die Blätter in genau vorherbestimmten Abständen aus der Mitte heraus, und zwar im Verhältnis von 1:1,6181, einer Proportion, die als der Goldene Schnitt bekannt ist. Im frühen 13. Jahrhundert erkannte Fibonacci, ein italienischer Mathematiker, dass bestimmte Verhältnismässigkeiten, eben jene des Goldenen Schnitts, pflanzlichen, tierischen und menschlichen Strukturen zugrunde liegen, und er war der erste, der diese in einer Folge von Zahlen ausdrückte, die heute als Fibonaccireihe bekannt ist. Diese sich in den Erscheinungen der Natur manifestierenden Muster und Gesetzmässigkeiten zeigen die Vernetzungen und Be-

Von Finsternis zu Form

Betrachtet man das gesamte elektromagnetische Spektrum, treten aus der Dunkelheit zunächst hochenergetische, schnell schwingende kosmische Strahlen auf, gefolgt von Gamma- und Röntgenstrahlen bis hin zu den langsam schwingenden Radiowellen. Jenseits davon verliert die Energie ihre elektromagnetischen Eigenschaften und tritt als Klang auf. Schliesslich schwingt die Energie auf der Ebene von Molekülen und Atomen, der Ebene von Form und Materie. Die Übergangspunkte von der Finsternis zum Licht, vom Klang zur Form können genau bestimmt werden. Sie entsprechen in ihrem Verhältnis zueinander den Proportionen des Goldenen Schnitts.

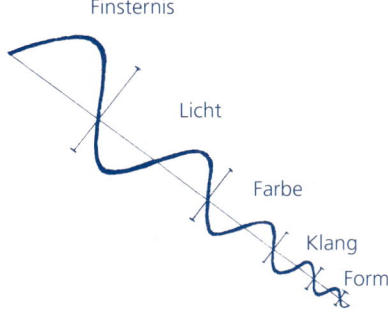

Finsternis

Licht

Farbe

Klang

Form

ziehungen der allem innewohnenden sichtbaren und unsichtbaren Energieformen.

Licht und Pigment

Farbtherapeuten setzen bei ihren Behandlungen sowohl farbiges Licht als auch farbige Gegenstände ein. Farbiges Licht, also körperlose Farben, und Pigmentfarben, also Körperfarben, haben unterschiedliche Eigenschaften. Die primären Farben des Lichts sind Rot, Grün und Blau; zu gleichen Teilen gemischt, ergeben sie weisses Licht. Die primären Farben der Pigmente sind Rot, Gelb und Blau, ihre Mischung ergibt Schwarz.

Ganzheit und komplementäre Gegensätze

Gewöhnlich versuchen wir, die Gegenstände und Wesen dieser Welt zu bestimmen und einzuteilen, und verlieren dabei oftmals den Sinn für das Ganze, aus dem alles entsprang. Das Gefühl der Ganzheit werden wir nur wiedererlangen, wenn wir uns mehr den Gemeinsamkeiten anstatt den Verschiedenartigkeiten zuwenden.

Jedes Ding steht in bezug zu seinem Gegensatz – Nord- und Südpol eines Magneten, Männlich und Weiblich, Hell und Dunkel, Yin und Yang. Die zwei Gegensätze ergänzen sich wie zwei Hälften und ergeben ein Ganzes. Mehr noch, jede Hälfte birgt in

Die Primärfarben des Lichts sind Rot, Grün und Blau; zu gleichen Teilen gemischt, ergeben sie weisses Licht. Die Farben des Lichts werden additiv genannt, weil sich aus ihnen alle anderen Farben des Spektrums herstellen lassen. Zwei Primärfarben ergeben gemischt eine Sekundärfarbe: Rot und Grün erzeugt Gelb, Rot und Blau geben Violett, und aus Grün und Blau wird Türkis.

Mischung von Pigmentfarben

Die primären Pigmentfarben Rot, Gelb und Blau können nicht durch Mischung anderer Farben hergestellt werden. Eine Mischung dieser primären Farben erscheint schwarz, da sie gemeinsam alles einfallende Licht absorbieren. Rote Pigmente entziehen dem Licht alle Wellenlängen ausser den roten, diese reflektieren sie; Gelb verschluckt alles ausser Gelb, und Blau gibt nur Blau wieder. Aus der Mischung von jeweils zwei primären Pigmentfarben ergeben sich die sekundären: Rote und gelbe Pigmente ergeben Orange, rote und blaue werden zu Violett und aus gelben und blauen entsteht Grün.

Komplementärfarben

Im Farbkreis (rechts) stehen die acht Farben des Spektrums jeweils ihrer Komplementärfarbe genau gegenüber. Türkis beispielsweise ist die Komplementärfarbe von Rot, Gelb von Violett.

Um das für die Gesundheit entscheidende Gleichgewicht im Körper aufrechtzuerhalten, wird in der Behandlung eine Farbe immer zugleich mit ihrer komplementären Entsprechung eingesetzt.

sich das Potential der anderen. So enthält der männliche auch den weiblichen Aspekt; die Dunkelheit trägt das Potential des Lichts in sich; das Yang strebt hin zum Yin.

Auch Farben haben ihren Gegensatz und zugleich ihre Entsprechung. Rot und Blaugrün, Gelb und Violett sind komplementäre Paare; ebenso hat jeder einzelne Farbton seine ganz eigene Entsprechung. Die Komplementärfarben werden auch anhand von Nachbildern erkennbar: Wenn man etwa dreissig Sekunden lang eine rote Fläche betrachtet und dann den Blick auf eine weisse Wand richtet, erscheint dort ein blaugrüner Fleck, die Entsprechung zum Rot.

Die Bedeutung der Komplementarität

Komplementärfarben verstärken einander, werden sie nebeneinandergestellt, durch den maximalen Kontrast gegenseitig. Bei den Farben des Lichts gleichen komplementäre Farben einander aus und ergeben Weiss. So wird zum Beispiel blaues und oranges Licht zusammen zu weissem.

Im Achtfarbenspektrum der Farbtherapie sind die Entsprechungspaare Rot und Türkis, Orange und Blau, Gelb und Violett, Grün und Magenta (Blaurot). Rot, Orange und Gelb sind warme, anziehende Farben, Magenta und Grün sind neutral, und Türkis, Blau und Violett sind kühl und abweisend. Gegensätzlichkeit ist ein grundlegender Aspekt der Farbtherapie. Ein gesunder Körper enthält Komplementärfarben in ausgewogenem Verhältnis. Ein Leiden mit einer Farbe zu behandeln, ohne die ausgleichende Wirkung ihrer Entsprechungsfarbe mit einzubeziehen, könnte bewirken, dass sich die Beschwerden verschlimmern.

Das Zusammenspiel von Gegensätzen

Fixieren Sie bei Tageslicht den weissen Kreis in der Mitte der obigen Abbildung. Dabei werden Sie eine Wechselwirkung zwischen den blauen und weissen Flächen bemerken: Diese scheinen sich zu bewegen und schillern in den Farben des Regenbogens. Die beiden Gegensätze bringen das gesamte Spektrum hervor.

Kapitel 3

Farbwirkungen erfahren

Alles Leben und alle Materie, sowohl organische wie anorganische, ist empfänglich für elektromagnetische Strahlen und damit auch für den Elektromagnetismus des Lichts und seine Farben.

In diesem Kapitel wird gezeigt, wie der Mensch auf Farben anspricht – mit dem Herzen (Intuition, Emotion), dem Verstand (Gehirn, Intellekt), dem Körper und den Sinnen – und wie die Empfindsamkeit für Farben gesteigert werden kann. In der menschlichen Erfahrung spricht zunächst die emotionale Stimme des Herzens, Ausdruck der Intuition. Hat erst eine emotionale, intuitive Reaktion auf eine Situation oder Begegnung stattgefunden, wird auch der Intellekt angeregt. Die spontane Reaktion wird analysiert, und der Verstand gibt dem Körper entsprechende Handlungsanweisungen. Dieses Reaktionsmuster wird in der Philosophie Rudolf Steiners zusammengefasst in den Worten: «Fühlen, Denken, Wollen.»

Fühlen, Denken, Handeln

Dem Handeln geht eine Vielzahl intuitiv-gefühlsmässiger und intellektueller Impulse voraus: Links beginnend erfolgt als erstes die emotionale Reaktion des Herzens, gefolgt von jener des Verstandes, durch das Bild der Krone als Symbol der Vollkommenheit dargestellt. Der Verstand analysiert und steuert die körperliche Reaktion, diese ist dargestellt in Form des Quadrats als Zeichen manifester Energie. Herz, Verstand und Körper stehen in ausgewogenem Zusammenspiel.

Wer die höchste Form der Farberfahrung machen will, sollte lernen, auf die Stimme der Intuition zu hören, und so seine Farbempfindsamkeit steigern. Das Bewusstsein für Farben wird durch Techniken wie die Visualisation, durch Atem- und Bewegungsübungen gestärkt.

Das intuitive Wissen von den Farben

Erste Farbwahrnehmungen werden schon im Mutterleib gemacht. Im frühen Kindesalter tragen Farbassoziationen wesentlich zum Bewusstwerdungsprozess bei. Im weiteren Verlauf des Lebens verbinden sich Gefühle, Erinnerungen und Bedeutungen mit den Erfahrungen von Farbe und werden so zu einem Bestandteil unseres Unbewussten. Bestimmte Farben werden in bezug zu frohen, traurigen, erschreckenden Erlebnissen gesetzt und beeinflussen so die persönlichen Farbvorlieben.

Auch wenn die wissenschaftliche Bestätigung hierfür noch fehlt, darf wohl behauptet werden, dass unsere Gefühle in bezug auf bestimmte Farben aufs engste mit unseren Erinnerungen und Erfahrungen – mit Ereignissen, Menschen, Orten – verbunden sind und so unsere Sicht der Welt prägen. Darin liegt eine der Grundannahmen der Farbpsychologie. So wie jede Farbe eine besondere physische und physiologische Auswirkung hat, so bestehen auch mächtige psychologische, emotionale und spirituelle Zusammenhänge.

Noch auf einer weiteren, subtileren Ebene spielen Farben eine Rolle. Die Reaktionen auf Farben sind geprägt durch tief verwurzelte Assoziationen, die entweder auf frühere Erlebnisse zurückgehen oder ein Erbe der Vergangenheit sind. Ein Satz wie: «Ich sehe schwarz» beruht auf einer kulturell bedingten Assoziation zwischen dem Gefühl der Aussichtslosigkeit und der Farbe Schwarz; «Ich sehe rot» ist Ausdruck einer tief wurzelnden Verbindung von Rot mit Wut. Solche Redewendungen zeigen auf, dass wir intuitiv Beziehungen zwischen dem Erleben und Farben herstellen. Ob anerzogen oder übernommen, die Assoziationen von Farben und Gefühlen weisen überall auf der ganzen Welt eine erstaunliche Übereinstimmung auf. Das erlaubt die Annahme, dass es universelle, von Natur aus gegebene Farbassoziationen gibt.

Unter den praktischen Anforderungen des Lebens verkümmert die Fähigkeit zur Stille und zur Kontemplation, und daher kann sich auch die Intuition nicht ungehindert entfalten. Dem Verstand und erworbenem Wissen trauen wir oft mehr als den Botschaften des Innersten. Im Bemühen um mehr Bewusstheit gilt es zunächst, sich entspannt und ruhig mit den eigenen Gefühlen und der eigenen Gedankenwelt vertraut zu machen, ihren Wert und ihre Bedeutung schätzen zu lernen (siehe Seite 49–57). So kann man schrittweise lernen, dem intuitiven Reagieren – durch das Zulassen der ursprünglichen Gefühle, ohne diese gleich zu analysieren oder zu erklären – mehr Raum zu geben.

Form beeinflusst die Kraft der Farben

Farbtherapeuten präsentieren die von ihnen verwendeten Farben in bestimmter Form oder Gestalt; der Grund dafür liegt darin, dass die Form die Wirkung einer Farbe verstärken kann. Während die kreative, intuitive rechte Seite des Gehirns auf den emotionalen Eindruck der Farbe reagiert, wird die logische linke Hirnhälfte von der Form angesprochen.

Die Verbindung von Farben mit bestimmten Formen regt die Zusammenarbeit von linker und rechter Hirnhälfte an; Bewusstes und Unbewusstes Reagieren als Einheit. Jede Farbe verlangt nach ihrer eigenen Form – einer Form, die die farbeigene Energie unterstützt, verstärkt und ihr als natürlicher Träger dient. Farbe, Form und Energie stehen wiederum in Beziehung zu den Chakras (siehe Seite 62–65) und den platonischen Körpern (siehe Seite 104).

Farbe und Form

Betrachten Sie die Farben auf der gegenüberliegenden Seite, und beachten Sie, welche Empfindungen die Farben der linken Spalte auslösen, im Gegensatz zu jenen der rechten, in der die Farben in Verbindung mit einer bestimmten Form abgebildet sind. Verstärkt die Form die Farbwirkung?

Farbe und die Sinne

Jeder der fünf Sinne leitet Informationen aus der Umwelt zum Gehirn, wo sie gedeutet und in bewusste Gefühle umgewandelt werden. Jeder der Sinne kann auch Farberfahrungen vermitteln, und umgekehrt können gewisse Farben die Sinneswahrnehmungen verstärken. Traditionell wird jedem der fünf Sinne symbolisch eine Farbe zugeordnet und mit weiteren Bedeutungen in Verbindung gebracht. Es entsteht ein Beziehungsnetz zwischen dem Menschen und den Elementen, den Energien und Ordnungen des Planeten.

Sehen

Von allen Sinnen beeinflusst das Sehen das Farbbewusstsein am nachhaltigsten. Die stärkste Wirkung findet auf der physischen Ebene statt, die auch mit der Farbe Rot assoziiert wird. Rot hilft, «sich zusammenzureissen», indem es die Aufmerksamkeit auf das Hier und Jetzt richtet. Allgemein hat Rot eine zusammenziehende Wirkung auf den Körper; «rot sehen» bezieht sich auf den durch äusserste Anspannung gekennzeichneten Zustand der Wut.

Hören

Bei geschlossenen Augen ist der machtvolle Sehsinn ausgeschlossen, und der Hörsinn wird verstärkt. Die Erfahrung von inneren Farbwahrnehmungen, durch die Klänge von Musik oder

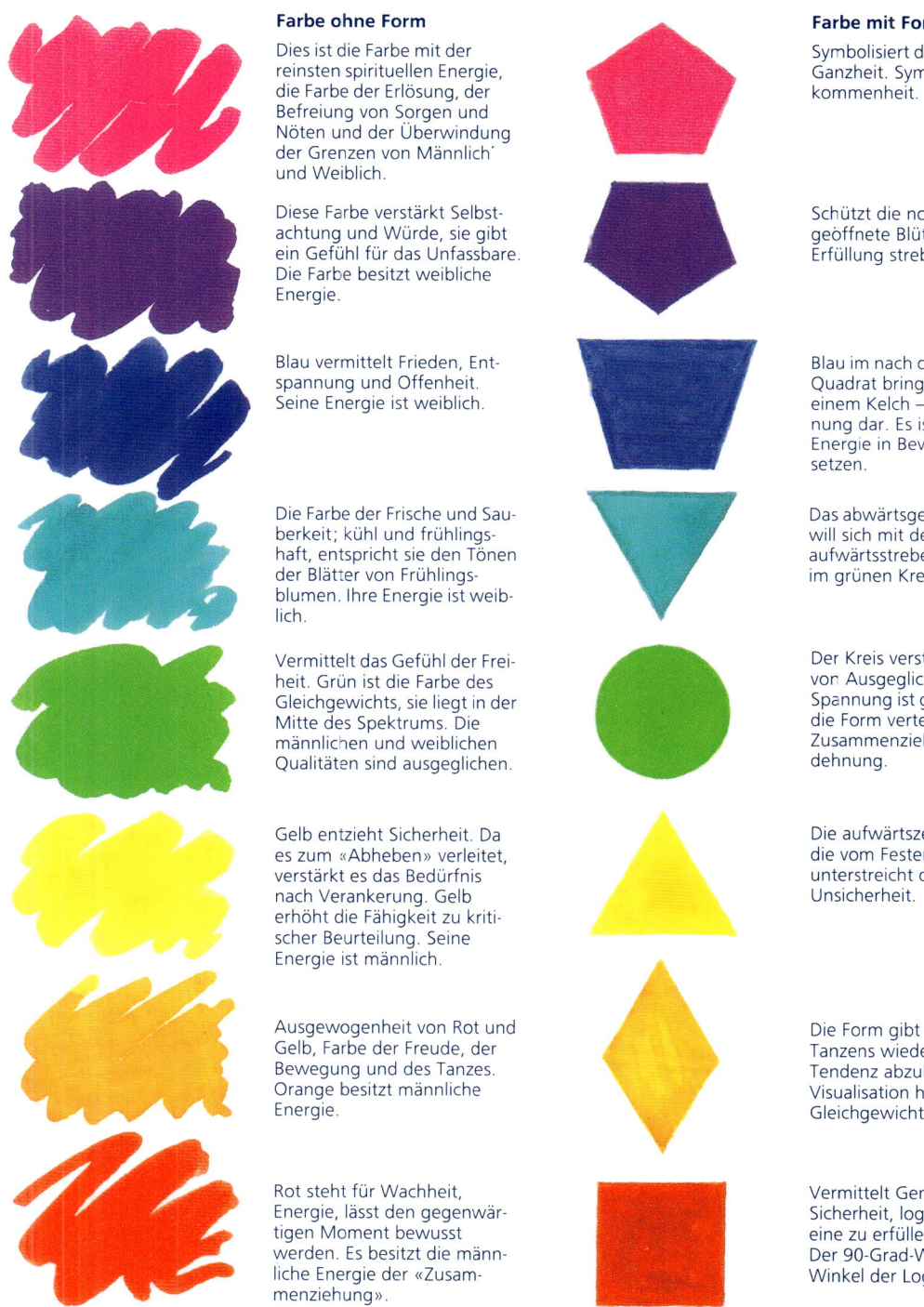

Farbe ohne Form

Dies ist die Farbe mit der reinsten spirituellen Energie, die Farbe der Erlösung, der Befreiung von Sorgen und Nöten und der Überwindung der Grenzen von Männlich und Weiblich.

Diese Farbe verstärkt Selbstachtung und Würde, sie gibt ein Gefühl für das Unfassbare. Die Farbe besitzt weibliche Energie.

Blau vermittelt Frieden, Entspannung und Offenheit. Seine Energie ist weiblich.

Die Farbe der Frische und Sauberkeit; kühl und frühlingshaft, entspricht sie den Tönen der Blätter von Frühlingsblumen. Ihre Energie ist weiblich.

Vermittelt das Gefühl der Freiheit. Grün ist die Farbe des Gleichgewichts, sie liegt in der Mitte des Spektrums. Die männlichen und weiblichen Qualitäten sind ausgeglichen.

Gelb entzieht Sicherheit. Da es zum «Abheben» verleitet, verstärkt es das Bedürfnis nach Verankerung. Gelb erhöht die Fähigkeit zu kritischer Beurteilung. Seine Energie ist männlich.

Ausgewogenheit von Rot und Gelb, Farbe der Freude, der Bewegung und des Tanzes. Orange besitzt männliche Energie.

Rot steht für Wachheit, Energie, lässt den gegenwärtigen Moment bewusst werden. Es besitzt die männliche Energie der «Zusammenziehung».

Farbe mit Form

Symbolisiert das Streben nach Ganzheit. Symbol der Vollkommenheit.

Schützt die noch nicht ganz geöffnete Blüte, die nach Erfüllung strebt.

Blau im nach oben geöffneten Quadrat bringt sich – wie in einem Kelch – zur Entspannung dar. Es ist bereit, Energie in Bewegung zu setzen.

Das abwärtsgerichtete Dreieck will sich mit der Energie des aufwärtsstrebenden gelben im grünen Kreis verbinden.

Der Kreis verstärkt das Gefühl von Ausgeglichenheit. Die Spannung ist gleichmässig auf die Form verteilt, ohne Zusammenziehung oder Ausdehnung.

Die aufwärtszeigende Form, die vom Festen fortstrebt, unterstreicht das Gefühl der Unsicherheit.

Die Form gibt das Gefühl des Tanzens wieder, sie hat die Tendenz abzuheben, nur die Visualisation hält sie im Gleichgewicht.

Vermittelt Genauigkeit, Sicherheit, logisch Erfasstes, eine zu erfüllende Aufgabe. Der 90-Grad-Winkel ist der Winkel der Logik.

Sinn	Farbe	Sternzeichen	Edelstein	Element
Sehen	Rot	Widder	Onyx	Feuer
Hören	Gelb	Zwillinge	Amethyst	Luft
Riechen	Grün	Wassermann	Rubin	Wasser
Schmecken	Blau	Fische	Saphir	Erde
Tasten	Violett	Waage	Aquamarin	Äther

Stimmen ausgelöst, nimmt zu. Umgekehrt können intensive Farbeindrücke sich nun in Form von Tönen äussern. Klänge gestatten es dem Intellekt, sich von sehbetonten Vorstellungen zu lösen. Das Hören wird mit dem Element Luft und der Farbe Gelb assoziiert.

Riechen

Gerüche und Düfte können anzeigen, dass eine Veränderung im Gange ist. Sie entstehen entweder durch das Zusammenspiel von Energien oder aufgrund einer chemischen Veränderung. Der Geruchssinn steht in Verbindung zur Farbe Grün. Die Tatsache, dass der für die olfaktorische Wahrnehmung zuständige Bereich des Gehirns sich als eines der ersten Nervenzentren entwickelt, mag zumindest teilweise erklären, warum Gerüche vergangene Erfahrungen in Erinnerung rufen können, die selbst wiederum voller Farbeindrücke sind.

Schmecken

Der Genuss schmackhafter Gerichte und Getränke regt die Sinne an und macht empfänglich für Reize. Dies steht in bezug zur Farbe Blau, die entspannend wirkt. Blau wirkt geschmacksverstärkend. Wasser, das in einem blauen Glas oder durch einen blauen Filter für 30 bis 45 Minuten dem Sonnenlicht ausgesetzt wird, schmeckt süss.

Tasten

Achtsame Berührung ist mehr als blosses Anfassen – sie kann heilen und vermittelt Respekt und Würde, eine unsichtbare spirituelle Energie. Wegen dieser Verbindung zu höheren Bewusstseinsebenen wird dem Tastsinn die Farbe Violett zugeordnet. Eine

Klang verstärkt Licht

Die Verbindung zwischen Farbe und Licht war den Druiden wohlbekannt. Zur Wintersonnwende zogen sie sich drei Tage lang in ihre Höhlen zurück. Am dritten Tag waren die Höhlen durchflutet von Licht und erfüllt von einem überirdisch-ätherischen Klang. Durch besondere Gesänge erzeugten die Druiden das volle Spekrum harmonischer Obertöne und einen gesteigerten Bewusstseinszustand, um das Licht in seiner ganzen Fülle herbeizurufen.

Massage wirkt besonders stark, wenn während des Massierens die Farbe Violett visualisiert wird. Durch das Miteinbeziehen von Farben gewinnt jede Berührung an Qualität.

Der Tastsinn hat für Blinde eine besondere Bedeutung. Sie können Farben aufgrund der Dichte und Temperatur, die einen Gegenstand umgeben, fühlen und unterscheiden.

Verstärkung der Reaktionsfähigkeit

Auf der Grundlage der Erkenntnis, dass Körper, Herz und Verstand auf Farben reagieren und alle Sinne ihren Teil zur Wahrnehmung der Farben beitragen, können wir nun dazu übergehen, praktische Techniken zur Verstärkung der Farbempfindsamkeit kennenzulernen. Die folgenden Visualisations-, Atem- und Bewegungsübungen dienen zur Vorbereitung auf die Arbeit mit den Heilkräften der Farben.

Lassen Sie Farben bewusst auf sich einwirken, und beobachten Sie Ihre Reaktionen darauf. Sprechen Sie mit Ihren Freunden oder Bekannten über Farben. Indem Sie Ihre Farbassoziationen kennenlernen, werden Sie sich der Besonderheiten bestimmter Farben stärker bewusst und merken, wie Farbveränderungen Ihre Gefühle und Empfindungen beeinflussen.

Über Farben reden

Rot und Blau eignen sich am besten, um über Farben zu sprechen, da ihre Wirkungen so verschieden sind und die meisten Menschen mit diesen Farben zahlreiche und ausgeprägte Erfahrungen gemacht haben. Setzen Sie sich im Kreis zusammen, und beschreiben Sie die Farbe Rot. Die Farbe braucht nicht sichtbar im Raum vorhanden zu sein, bewahren Sie sie im Geiste, und «tauchen» Sie beim Sprechen ganz in sie ein. Richten Sie nun Ihre Aufmerksamkeit auf die Farbassoziationen, berichten Sie kurz von Ihren Erlebnissen und was Sie dabei fühlten. Hören Sie aufmerksam den Erfahrungsberichten der anderen zu, und lassen Sie sich von deren Gedanken bereichern.

Schon nach wenigen Minuten werden Sie feststellen, dass die Sprechgeschwindigkeit ansteigt und die Beteiligten gespannt und erregt wirken. Ihre Atmung wird flach, und es entsteht ein allgemeines Unbehagen.

Über Blau sprechen bewirkt das Gegenteil. Die Beteiligten sprechen langsamer und atmen tiefer. Es dauert länger, bis persönliche Assoziationen in der Erinnerung auftauchen. Die Zeit scheint langsamer zu vergehen, und schliesslich versiegt die Gesprächsbereitschaft ganz.

Farbvisualisation

Die Technik der Farbvisualisierung dient der Verfeinerung des Farbempfindens. Sie kann auch mit Farbatemübungen kombiniert werden (siehe Seite 54) und mit Bewegungsübungen, die helfen, den mit den Farben assoziierten Gefühlen Ausdruck zu geben (siehe Seite 56/57). Das Ziel ist eine Vertrautheit mit Farbe, die sowohl befähigt, die Aura eines Menschen zu sehen wie auch die Energie einzelner Farben zu fühlen und sie für spezielle Heilzwecke einzusetzen.

Visualisationen mit dem geistigen Auge helfen, negative Gedanken auszugleichen. Negative Gedanken belasten den Geist oft jahrelang, erzeugen chronische Verspannungen und fördern so Abnützung und Alterung. Grundsätzlich sollten bei Visualisationen nur positive Gefühle betont werden. Wählen Sie deshalb stets Bilder dessen, was Sie zu erreichen wünschen, statt an das zu denken, wovor Sie Angst haben.

Visualisationen mögen zu Beginn schwierig erscheinen, da die angestrebten Vorstellungen sich ständig mit alltäglichen Gedanken vermischen. Eine einfache Entspannungsübung (siehe Seite 52) dient als Vorbereitung zur Farbvisualisation und erhöht die Konzentrationsfähigkeit. Die gewonnene Entspannung erhöht die Aufnahmebereitschaft für Farben, und dies trägt entscheidend zum Heilungsprozess bei.

Rot in allen seinen Schattierungen, vom tiefsten Karmesin bis zum zartesten Rosa, drückt Kraft und Vitalität aus und wirkt anregend und aktivierend. Eine rote Rose ist das Symbol seelischer und körperlicher Liebe.

Einfache Entspannungsübung

Legen Sie sich mit dem Rücken flach auf den Boden, Körper und Kopf gerade, das Kinn gelöst, die Beine leicht gespreizt und die Hände mit den Handflächen nach oben neben dem Körper. Entspannen Sie sich, und lassen Sie *Ihre Gedanken emporsteigen wie bunte Luftballons, die langsam verschwinden. Wenden Sie nun die Aufmerksamkeit dem Körper zu, und wandern Sie in Ihrer Vorstellung vom Kopf durch den ganzen Körper zu den Füssen. Lösen Sie sich von allen Anspannungen, und* *spüren Sie, wie die Entspannung zunimmt.*

Heben Sie beim nächsten Einatmen die Arme über den Kopf, und dehnen Sie den ganzen Körper. Bringen Sie beim Ausatmen die Arme zurück zur Seite, und wiederholen Sie das Ganze noch zweimal. Rollen Sie sich nun zur Seite, und setzen Sie sich auf.

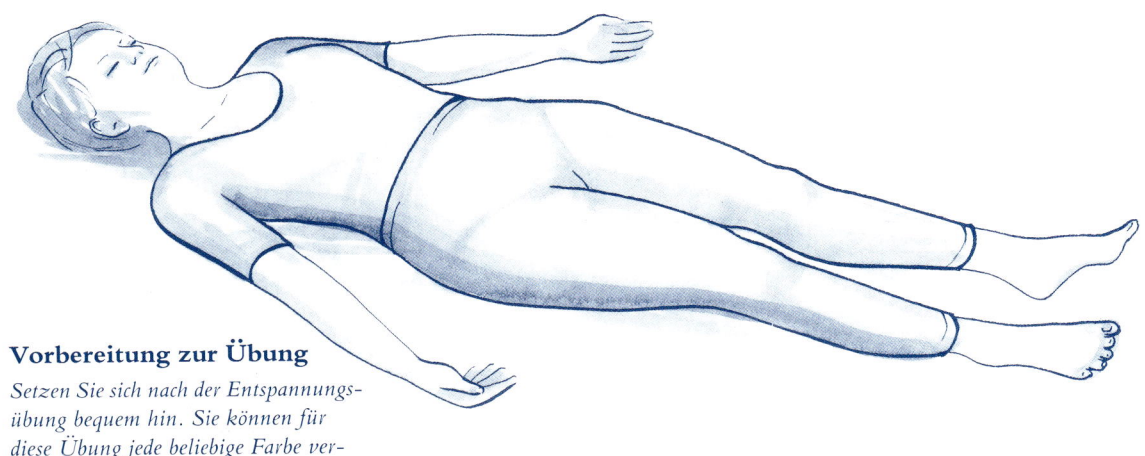

Vorbereitung zur Übung

Setzen Sie sich nach der Entspannungsübung bequem hin. Sie können für diese Übung jede beliebige Farbe verwenden (siehe Seite 54). Wir wählten die Farbe Blau und ihre Komplementärfarbe Orange.

Einfache Visualisation

Schliessen Sie die Augen, und atmen Sie langsam aus. Stellen Sie sich vor, Sie sitzen an einem blauen See, und auch der Himmel erstrahlt in tiefem Blau. Fühlen Sie, wie die besänftigende Wirkung des Blaus Ihren Körper durchdringt. Sie atmen aus und stellen sich das intensive Orange einer grossen Ringelblume vor.

Wiederholen Sie diesen Vorgang mehrmals, und bleiben Sie anschliessend noch einen Augenblick still sitzen, um das Erlebte nachwirken zu lassen. (Die Atemtechnik ist ausführlich auf Seite 54 beschrieben.)

Visualisationsmeditation

Durch Meditation einer inneren Geschichte können Sie die Farbvisualisierung noch einen Schritt weiterführen. Ein Beispiel für eine solche Geschichte folgt. Machen Sie sich zunächst mit deren Inhalt vertraut, oder bitten Sie einen Freund, sie Ihnen vorzulesen.

Betrachten Sie diese Visualisation als eine Art «geistige Reise». Um sicher zu sein, wohlbehalten zurückzukehren, entspannen Sie sich vor der Meditation gut, und betrachten Sie den Raum, in dem Sie sich befinden. Verinnerlichen Sie die Farben und Formen der in der Nähe stehenden Gegenstände, und spüren Sie die Geborgenheit, die Ihnen der Raum gibt.

Nun atmen Sie aus, schliessen Sie die Augen, und folgen Sie der beschriebenen Reise in Ihrer Vorstellung.

Am Ende der Geschichte machen Sie einen tiefen Atemzug und kehren bereichert zum Ausgangspunkt in Ihre vertraute Umgebung zurück.

Zum Abschluss stellen Sie sich einen Lichtkreis und darin ein Kreuz, ebenfalls aus Licht, vor. Visualisieren Sie Ihre acht Chakras (siehe Seite 65), und lassen Sie, beginnend beim Scheitelchakra, Lichtkreis und -kreuz auf jedes Chakra einwirken – gleich einem goldenen Schlüssel, der das Chakra «schliesst». Dies dient als Schutz und ermöglicht eine sanfte Rückkehr in das normale Bewusstsein.

Die innere Reise

Ich gehe an einem sonnigen Nachmittag über einen Marktplatz. Er wirkt seltsam leer, und niemand scheint mich zu beachten. Ich fühle mich zu einer Kirche am Ende des Platzes hingezogen. Die Tür führt tief hinunter in eine Krypta, wo ein ewiges Licht rot vor einem Altar leuchtet. Ich tauche ein in die rote Flamme und ihre Kraft und lasse das Gefühl dieser lebensspendenden Energie wirken. Gott, der Ursprung allen Seins, kommt mir in den Sinn.

Nach einer Weile erhebe ich mich und gehe einige Schritte. Ich betrete eine orange beleuchtete Halle, in der sich viele Menschen bewegen und tanzen, lachen und sich freuen. Ich bin lediglich ein Zuschauer, niemand beachtet mich.

Einige Stufen führen mich hinauf ins Hauptschiff der Kirche. Die Gewölbe geben ein gelbes Licht wieder, alles wirkt losgelöst, leer und einsam. Hier möchte ich nicht lange bleiben und suche nach einem Ausgang.

Eine kleine Tür hinter dem Hauptaltar führt auf eine Wiese. Das Grün gibt mir meine Ausgeglichenheit wieder. Ich gehe durch das Gras zu einem Wald. Die Farbe unter den Blättern der Bäume ist Türkis, frisch und rein macht es mich, gestärkt gegen jede Beeinflussung. Es fühlt sich an, als würde jetzt erst alles beginnen.

Ich gehe durch den Wald und gelange an einen blauen See. Blaue Hügel jenseits des Wassers vermitteln ein Gefühl des Friedens, ich bin entspannt und ganz ruhig.

Während ich auf den See blicke, bewegt sich ein wunderschönes Wesen, eingehüllt in violettes Licht, auf mich zu. Ich fühle mich von einem noch nie zuvor erlebten Gefühl der Ehrfurcht durchdrungen. In seinen Händen trägt es eine herrliche Flamme von pupurner Farbe. Die Flamme ist völlig frei und körperlos. Die Erscheinung verändert beim Näherkommen ihre Grösse nicht, doch Violett und Purpur nehmen an Strahlkraft zu. Ich fühle mich erhoben und erfüllt mit Respekt, nicht vor diesem Wesen, sondern vor mir selbst. Nun steht die Gestalt vor mir und spricht mit klarer und wunderschöner Stimme: «Nimm dieses Licht und trage es in deinem Herzen, es ist das Licht der reinen Liebe. Befreie dich von allen Lasten der Vergangenheit.»

Ich erkenne in dem Wesen mein höheres Selbst – rein, unbelastet und voller Liebe, bedingungsloser Liebe. Und so nehme ich das Licht von ihm entgegen, natürlich und ohne zu zögern. Als das Wesen sagt: «Trag dies Licht hinein in dein alltägliches Leben, und teile es mit allen, denen du begegnest, ist es, als würde ich mir selbst die Erlaubnis erteilen, in die Welt zurückzukehren.» Das Wesen zieht sich langsam wieder auf den See zurück, und doch bleibt mir ein Gefühl, als könnte ich es jederzeit herbeirufen.

Die Flamme in meinen Händen durchströmt das Blau des Sees und teilt mit ihm den kühlen, entspannenden Frieden. Ich gehe zurück durch den Wald, und die Bäume und Sträucher lächeln, als ich ihnen von meiner Flamme der Liebe abgebe. Es ist ein reines, sehr helles Purpur, fast Weiss. Ich bin nicht mehr allein, die Gräser und die Blumen, die Hasen und Eichhörnchen sind bei mir, während ich die grüne Wiese überquere.

All dies hatte ich vorher gar nicht bemerkt. Ich kehre zur Kirche zurück. Die gelben Bögen wirken zwar immer noch losgelöst, doch nehmen sie nun das Licht meiner Flamme auf und erstrahlen in einem goldenen Schein. Ich steige hinab in die orange Halle und biete allen Menschen, die zu mir kommen, von meiner purpurnen Flamme an, und ich sage: «Teile sie mit anderen, teile sie, oder sie wird verlöschen.» Freude und Tanz erscheinen ganz natürlich, erfüllt vom Licht der Liebe.

Nun gehe ich weiter in die Krypta und erkenne, dass das Rot der Lebensenergie zur Grundlage meines Seins gehört. Aus ihm werden die zukünftigen Kinder geboren, die die Erde und das Leben zu bewahren wissen. Ich erkenne plötzlich, dass meine purpurne Liebesflamme nicht mehr nur in meinen Händen lodert, sondern alle Zellen meines Körpers durchdringt; nichts bleibt von ihr unberührt.

Bescheiden und doch stolz gehe ich die Stufen hoch und betrete den inzwischen belebten Marktplatz. Ich gehe zu jedem Menschen und gebe ihnen von meinem Licht der Liebe. Erst jetzt bemerke ich, dass das Licht in meinen Händen nur noch das Zentrum einer mich ganz umfangenden Ausstrahlung ist, die immer stärker wird, je häufiger und mehr ich von dem Licht abgebe.

Nun kehren Sie mit einem tiefen Atemzug und durch «Schliessen» der Chakras (siehe linke Seite) zu Ihrem normalen Tages-Bewusstsein zurück.

Farbatmen

Die Ruhe, die eine Meditation über das Blau des Wassers unter einem tiefblauen Himmel vermittelt, lässt sich durch eine einfache Visualisation (Seite 52) erleben.

Atmen ist lebenswichtig. Der Atem tauscht nicht nur frischen Sauerstoff gegen verbrauchtes Kohlendioxid im Blut aus, sondern erhält und belebt auch die spirituelle Energie. Er gewährleistet den ständigen Kontakt mit der Umwelt. Die Konzentration auf den Atem hilft, sich von unerwünschten Gedanken zu befreien, und schafft eine solide Basis, um das bewusste und unbewusste Selbst zu erforschen. Aus diesem Grund ist es wichtig, voll und rhythmisch zu atmen, tief aus dem Bauch heraus.

Einfache Atemübung

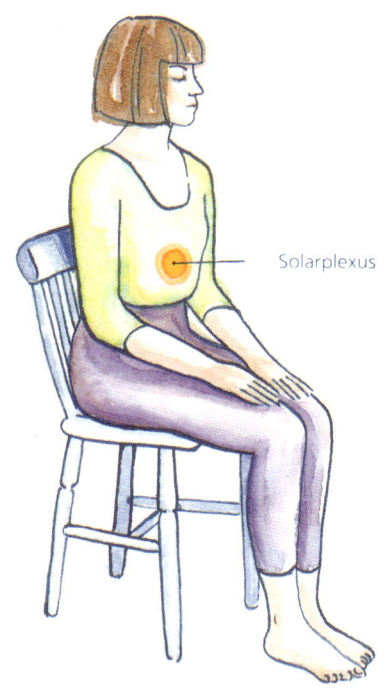

Solarplexus

Legen oder setzen Sie sich entspannt und aufrecht hin. Atmen Sie ruhig und regelmässig in ihrem natürlichen Rhythmus, ohne besondere Betonung der Ein- oder Ausatmung. Eine derartige Besinnung auf den Atem hilft, den Geist zu beruhigen und von unerwünschten Gedanken frei zu machen. Stellen Sie sich vor Ihrem inneren Auge ein positives Bild von sich selbst vor, eine Situation, in der Sie sich besonders wohl oder glücklich fühlten. Nun fügen Sie noch eine Farbe hinzu, indem Sie entweder das Farbspektrum innerlich durchgehen oder eine Farbe entsprechend ihrer Heilqualitäten auswählen (siehe rechts).

Wenn Sie sich für eine Farbe entschieden haben, atmen Sie ein, und visualisieren Sie, wie die Farbe durch den Solarplexus, das Sonnengeflecht in der oberen Bauchgegend, in Ihren Körper eindringt und sich unter der Haut über den ganzen Körper verteilt. Wenn Sie wollen, können Sie die Farbe in Ihrer Vorstellung auch zu speziellen Körperregionen senden. Visualisieren Sie während des Ausatmens die Komplementärfarbe.

Rot *Einatmen von Rot steigert Vitalität, Energie-, Sexual- und Willenskraft; zum Ausatmen Türkis.*

Orange *Einatmen von Orange steigert Freude, Spass und Glück; zum Ausatmen Blau.*

Gelb *Einatmen von Gelb steigert die Objektivität und die Kräfte des Intellekts; zum Ausatmen Violett.*

Grün *Einatmen von Grün zur Reinigung, für Ausgeglichenheit und bei Tumoren; zum Ausatmen Magentarot.*

Türkis *Einatmen von Türkis lindert Entzündungen und Fieber, stärkt das Immunsystem; zum Ausatmen Rot.*

Blau *Einatmen von Blau entspannt, gibt Frieden, lindert Schlaflosigkeit; zum Ausatmen Orange.*

Violett *Einatmen von Violett steigert Selbstachtung, vermittelt das Gefühl von Ehrfurcht und Schönheit; zum Ausatmen Gelb.*

Magenta *Einatmen von Magentarot hilft, sich von zwanghaften Vorstellungen und Bildern zu lösen; zum Ausatmen Grün.*

Bewegung

Die Eurythmie, die Rudolf Steiner zu Beginn des 20. Jahrhunderts entwickelte, bietet eine Reihe einfacher Bewegungsabläufe, die die Farbvisualisierung unterstützen. Die Eurythmie wurde zwar zur künstlerischen Darstellung entwickelt, sie findet aber auch therapeutische Anwendung und kann helfen, die mit den einzelnen Farben assoziierten Gefühle deutlich zu machen.

Die Bewegungen wurden aus den gegensätzlichen Grundgefühlen heraus entwickelt, die Hell und Dunkel hervorrufen. Gelb ist die hellste Farbe des Spektrums und der Sonne am ähnlichsten. Zur Darstellung dieser Farbe wird in der Eurythmie eine sehr offene Haltung eingenommen, die Arme ausgestreckt, als würden sie nach der Sonne greifen. Im Gegensatz dazu wird Indigo, die dunkelste Farbe, durch eine gebeugte Körperhaltung und abwärts gekreuzte Arme ausgedrückt. Den Farben zwischen diesen beiden Extremen entspricht jeweils eine eigene, ihre charakteristischen Merkmale wiedergebende Stellung. Keine dieser Stellungen wirkt statisch; Eurythmie bedeutet immer harmonische, aus dem Vorangehenden entwickelte Bewegung.

Bewegung vom Licht zum Dunkel

Heben Sie Ihre Arme leicht geöffnet in die Höhe. Entspannen Sie Ihren Oberkörper, und öffnen Sie sich, als ob Sie das Licht in Empfang nehmen wollten (Position 1). Beugen Sie nun ein Knie, und heben Sie die Ferse, um die Bewegung zu erleichtern. Drehen Sie das Knie zum anderen Bein hin, und beugen Sie zugleich den ganzen Körper nach vorne. Bringen Sie die Arme locker so tief wie möglich vor den Körper, und umfangen Sie ihn, als ob Sie das Licht ausschliessen wollten. Diese Stellung repräsentiert Dunkelblau (Position 2).

Position 1   Position 2

Rot

Rot ist intensiv und enthält viel Aktivität. Von der Position 1 aus lassen Sie die Hände nach unten fallen, und strecken Sie sie dann in einer kräftigen, aber fliessenden Bewegung vor dem Gesicht vorbei nach oben. Die Farbe Rot ist sehr dynamisch, und entsprechend ist die Bewegung schnell und bestimmt. Sie ist «durchdringend», manchmal geradezu aggressiv.

Grün

Im Farbspektrum liegt Grün zwischen Gelb und Blau. Die Bewegung erforscht die Körpermitte, die Hände bleiben seitlich ausgestreckt. Halten Sie die Arme auf gleicher Höhe gestreckt, während Sie sie hin und her bewegen. Machen Sie dazu Schritte geradeaus und im Kreis; dies spiegelt das Gleichgewicht zwischen «offenen» und «geschlossenen» Bewegungen.

Gelb

Gelb ist die leuchtendste Farbe des Spektrums, ist jedoch nicht so strahlend wie Weiss. Ausgehend von Position 1, lassen Sie einen Arm leicht schräg nach vorn sinken; stellen Sie sich vor, es sei ein Lichtstrahl. Führen Sie den anderen Arm schräg nach hinten unten, bis er mit dem anderen eine Diagonale bildet. Bewegen Sie sich anmutig in Richtung der durch die Arme gebildeten Diagonale vor und zurück.

Für sekundäre, aus zwei anderen entstandene Farben – Orange zum Beispiel enthält Rot und Gelb, Violett entsteht aus Rot und Blau – sollte Körperbewegung und Armhaltung die Eigenschaften von beiden widerspiegeln. Bei der entsprechenden Bewegung werden die Extreme der beiden Farben «abgeschliffen», um zu der fliessenden Bewegung einer einzigen Farbe zu werden.

Kapitel 4

Farbenergien des Körpers

Der Körper ist ständig von einem Mantel aus feinsten, meist nicht beachteten Farbenergien umhüllt und setzt selbst auch Energien frei. Dies wird Gegenstand dieses Kapitels sein. Sie beginnen zu lernen, wie Sie diese Energien in Form von Farbsignalen wahrnehmen und deuten können, um so direkten Aufschluss über den körperlichen und seelischen Gesundheitszustand zu erhalten.

An dieser Stelle noch ein Hinweis. Die Informationen in diesem Kapitel dienen lediglich der Anleitung zur besseren Farbwahrnehmung. Um Farbbilder in absoluter Klarheit zu sehen, bedarf es fortgeschrittener Techniken, die tiefe Meditationszustände mit einbeziehen, in denen die Muster der Hirnströme sich verändern. Dazu ist die Unterweisung und Betreuung durch einen kompetenten Lehrer unerlässlich.

Die Aufnahme und Abgabe von Energie

Die Energie, die wir zum Leben brauchen, beziehen wir nicht nur aus Essen und Trinken, sondern auch aus der elektromagnetischen Strahlung der Sonne und anderer unsichtbarer Kräfte im galaktischen Raum. Allein schon der Einfluss des Mondes ist stärker als meist vermutet. Die Wirkung seiner Anziehungskraft auf die Gezeiten der Meere ist wohlbekannt; Tatsache ist auch, dass manche Chirurgen sich scheuen, grosse Operationen zur Zeit des Vollmondes durchzuführen, dies aus dem Grund, dass auch die Körperflüssigkeiten und die Blutzirkulation dem Einfluss des Mondes unterliegen.

Wir wissen, dass Pflanzen ihre Kraft durch den Prozess der Photosynthese gewinnen, indem sie die Energie der Sonnenstrahlen, die auf ihre Blätter auftreffen, in sich aufnehmen. Mit Hilfe dieser Sonnenenergie wandeln sie das Kohlendioxid aus der Luft und die Spurenelemente aus dem Wasser in die Baustoffe um, die sie für Wachstum und Fortpflanzung benötigen. In diesem Prozess ist also das Sonnenlicht für die Nahrungsaufnahme unerlässlich.

Auch wir Menschen sind von Sonnenlicht umflutet. Das Licht durchdringt die Haut und die Muskulatur, ja sogar den Schädel. Es bringt Wärme und löst verschiedene chemische Vorgänge in den Körpergeweben aus. Es beeinflusst die Hormonproduktion, die wiederum das Wachstum und das Geschlechtsleben steuert. Es besteht also ein reger Austausch zwischen den inneren Vorgängen des Menschen und den Energien, die ihn umgeben.

Alles auf Erden nimmt Energie auf und gibt Energie ab. Leben und Wachstum bedeuten immer einen ständigen Austausch mit der Umwelt – ein fortwährendes Geben und Nehmen. Das besondere Energiefeld, das jedes Lebewesen umgibt, ist eine Form der Energieabgabe. Der Mensch besitzt nicht nur seinen sichtbaren physi-

Heiligenschein und Engelsflügel

In der christlichen Kunst des Abendlandes, zum Beispiel bei Botticelli und Fra' Angelico, ist um den Kopf von Jesus und manchen Heiligen ein strahlender Kranz oder Heiligenschein zu sehen. Durch den Heiligenschein und die Flügel, die den Himmelsboten verliehen wurden, wollten die Künstler darauf hinweisen, dass die Ausstrahlung dieser Menschen über das Offensichtliche hinausgeht.

Heiligenschein und Flügel sind jedoch nicht nur Engeln und Heiligen vorbehalten, sie sind potentiell in jeder menschlichen Aura enthalten.

schen Körper, sondern darüber hinaus auch eine feinstoffliche Hülle aus «abgestrahlter» Energie, die jeoch nur von äusserst sensitiven Menschen gesehen werden kann. Diese Hülle wird Aura genannt und stellt einen Schutzschild für den Körper dar, eine Übergangszone zwischen Innen- und Aussenwelt. Hier wird auch die Lebenskraft gespeichert, werden die einströmenden Kräfte aus dem All gefiltert und aufgenommen. Die Aura ist in ständiger Bewegung und Veränderung begriffen. Der ungehinderte Energiefluss ist entscheidend für den Gesundheitszustand (siehe auch Kapitel 5).

Mineralien, Pflanzen, Tiere und Menschen haben jeweils eine eigene, für sie typische Aura, die sich in ihrer Komplexität und Färbung unterscheidet. Mineralien tragen einen weissen Hauch um sich, bei Pflanzen ist er golden. Die Aura der Tiere ist indigoblau, und die des Menschen ist mehrschichtig und vielfarbig. Die grössere Komplexität beruht auf dem höheren Grad von Bewusstheit und umfasst die physische, emotionale, mentale und spirituelle Dimension unseres Seins. Sie setzt sich aus acht (vielleicht auch mehr) feinstofflichen Schichten zusammen (siehe Seite 62–63). Durch Veränderung des Gesundheits- und des Bewusstseinszustandes und durch Einwirkungen von aussen können die verschiedenen Schichten ihre Schwingung und Farbe verändern (siehe Seite 76–77). Dies sind natürliche Erscheinungen, die beweisen, dass sich normale, gesunde Lebewesen in ständiger Veränderung befinden.

Evolution der Aura

Bevor Materie entstand, herrschte Finsternis. Durch die Verdichtung und Verlangsamung kosmischer Energien wurde Lichtenergie freigesetzt, durch weitere Reduktion der Schwingungsfrequenz entstanden die Farben, dann Klang und schliesslich Materie (siehe Seite 37). Wo die Energien sich rasch kontrahierten, entstanden dichtere Formen fester Materie wie zum Beispiel die Kristalle und Mineralien. Die Energien, die sich langsamer zusammenzogen, liessen lebende Materie entstehen – Zellen, Pflanzen, Tiere – und schufen schliesslich die Voraussetzungen für die Entwicklung des Menschen.

Alle Materie setzt Energie frei.

Je heftiger die Kontraktion, die zu ihrer Entstehung führte, desto fester und unveränderlicher ist der Gegenstand. Solche Körper geben ihre verdichtete Energie nur äusserst langsam ab. Ihre Auren sind sehr unbeweglich und nur sehr schwer wahrnehmbar. Menschliche Auren sind die wechselhaftesten und beweglichsten.

Der Aufbau der Aura

Direkt um den Körper befindet sich die ätherische Hülle des Menschen. Sie hat eine Dicke von acht bis zehn Zentimetern und folgt den Umrissen des Körpers. Sie ist die spirituelle Hohlform, nach deren Vorlage sich der physische Körper entwickelt. Unter normalen Umständen hat sie eine helle Magentatönung, nur bei spirituell hoch entwickelten Menschen ist sie ganz weiss. Wer friedvoll und entspannt ist, verströmt eine bläuliche Energie, die

Die menschliche Aura

Jedes menschliche Wesen ist von einer Aura umgeben (rechte Seite). Diese verändert ihre Grösse, Form und Farbe ständig, je nach dem gegenwärtigen Befinden des Menschen. Wer ein besonderes Gespür dafür hat oder dazu speziell ausgebildet ist, kann die Aura leicht lesen. Auf diese Weise bietet die Aura ein brauchbares diagnostisches Hilfsmittel in der Farbtherapie.

Die Farben der Aura

Die Farben der Aura sind rein und lichtvoll. Sie sind unbeschreiblich feine Ausströmungen von Energie. Die besondere Qualität dieses Lichts lässt sich erfahren, indem man etwa 15 Sekunden lang eine satt bedruckte Farbfläche betrachtet. Bedecken Sie dann die Fläche mit einem undurchsichtigen, weissen Blatt Papier. Die neue Farbe, die Sie jetzt sehen, die Komplementärfarbe der ersten, ist besonders leuchtend. Sie ist der Farbqualität der Aura ähnlich.

die ätherische Hülle färbt, bei guten Lehrern nimmt diese eine kobaltblaue Farbe an. Ein Hauch von Violett lässt auf eine würdevolle Erscheinung schliessen, vielleicht jemanden, der einer religiösen Tätigkeit nachgeht.

Die eigentliche Aura dehnt sich dreidimensional eiförmig einige Meter um den Körper herum aus und ist etwa zweiundzwanzigmal so gross wie der menschliche Körper. Die Aura setzt sich wie der Regenbogen aus mehreren Farbschichten zusammen, die sich in ständiger Bewegung gegenseitig durchdringen. Diese Bewegungen spiegeln die unterschiedlichen Einflüsse aus der Umwelt, aber auch die Veränderungen des Wohlbefindens, der Gedanken und Gefühle. Jede Schicht steht in bezug zu einem bestimmten Aspekt des menschlichen Daseins, und alle zusammen verkörpern den Menschen als ganzen.

Die menschliche Aura

Die auf die ätherische Hülle folgende Schicht ist *rot*. Rot ist die dichteste Farbe, sie steht in Beziehung zum physischen Körper und zur Sexualität. Die nächste Schicht ist *orange* und steht für die Lebenskraft, den Stoffwechsel. Diese beiden Bereiche sind eng miteinander verknüpft. Der Stoffwechselkörper, manchmal auch als ätherischer Körper bezeichnet, sorgt für die Atmung, den Herzschlag und den Kreislauf, und das selbst im Schlaf. Er versorgt auch das autonome, von willentlicher Beeinflussung unabhängige Nervensystem. Die *gelbe* Schicht, Astralkörper genannt, korrespondiert mit dem Sonnengeflecht, dem Solarplexus, dem Zentrum des Gefühlslebens. Dann folgt der *grüne* Bereich, der das Ego repräsentiert, die Persönlichkeit und die Fähigkeit des Denkens. Hier werden die Verbindungen zwischen dem körperlichen Anteil und den feinstofflichen spirituellen Energien der Aura hergestellt. Grün ist die Farbe des Gleichgewichts; auf dieser Ebene findet der Austausch zwischen dem Ego und dem höheren Selbst statt. Die folgende Schicht ist *türkis;* sie stellt die Brücke zu höheren geistigen Ebenen, zu jenen der Inspiration, her. *Blau* repräsentiert die Kausalebene; hier werden all unsere Handlungen motiviert, und hier ist auch der ursprüngliche Lebensplan gespeichert, dem wir idealerweise nachstreben sollten. Darüber erstreckt sich das *violette* Feld des höheren Selbst, des körperlosen Körpers, der wahren Essenz, des höchsten Bewusstseins. Die letzte Ebene ist *magentarot* und repräsentiert das Geist-Selbst, die Identität, das ewige Sein.

Chakras

Die den Körper umgebenden Schichten der Aura «atmen» lebenswichtige Energien ein und aus. Daneben wirkt noch eine

Die Aura miteinander teilen

Grösse und Form der Aura hängen von der jeweiligen Gefühlslage und dem Gesundheitszustand ab. Sind wir mit Freunden zusammen, fühlen wir uns wohl, weitet sich die Aura entsprechend. Das Gegenteil geschieht bei einer unangenehmen Begegnung: Die Aura zieht sich zusammen. Im geweiteten Zustand überlappen sich die Auren verschiedener Individuen; sie tauschen einen Teil der Energien miteinander aus und hinterlassen beide bleibende Spuren in der Aura des anderen.

andere Energieform im Körper, die sich mit Lichtstrahlen vergleichen lässt, die sowohl aus gewissen Zentren des Körpers heraus wie auch in diese hineinstrahlen. Diese Zentren sind unter dem Namen «Chakras» bekannt. Mehr als zweitausendjährige Sanskritüberlieferungen aus Tibet berichten von drei Chakras. Später beschrieben die Tibeter fünf, und heute sind sieben und mehr Chakras bekannt. In Übereinstimmung mit den acht Aurafarben werden hier acht Energiezentren beschrieben.

Die Chakras kann man sich als linsenähnliche Gebilde vorstellen, die das uns umgebende Licht sammeln und verstärken. Jedes Chakra besitzt ein über- und ein untergeordnetes Zentrum (siehe Seite 65). Während die den Körper umhüllenden Schichten der Aura eine Art Hohlform bilden, liefern die Chakras den «Inhalt» dazu. Beides sind Energieformen, die einander ergänzen und in ihrem Zusammenwirken Leben schaffen und erhalten. Die Energie der Aura stellt den weiblichen Aspekt dar, und die strahlenförmige Kraft der Chakras repräsentiert den männlichen Anteil.

Nachweis der Farbenergien

Erste Versuche, die Energien der Aura und der Chakras nachzuweisen und zu messen, wurden bereits Ende des 19. und zu Beginn des 20. Jahrhunderts unternommen. Das zunehmende Interesse an diesen Fragen ist einerseits als Reaktion auf den technischen Fortschritt, insbesondere auf dem Gebiet der Elektrotherapie, zu sehen

Farbe und Funktion der Chakras

Magenta Das Scheitelchakra steht in Beziehung zur Zirbeldrüse. Magentarot ist die Farbe der Perfektion, des ewigen, spirituellen Selbst. Als Zentrum der Spiritualität stellt dieses Chakra die Verbindung zur unendlichen Intelligenz her.

Violett Das Stirnchakra, auch drittes Auge und im Yoga Tausendblättriger Lotus genannt, überträgt die Energie der Hirnanhangdrüse. Es ist das Zentrum der kreativen Visualisation und bezieht seine Informationen vom höheren Selbst.

Blau Das dritte, das Kehlchakra, bündelt die Energie der Schilddrüse. Es ist das Zentrum des schöpferischen Ausdrucks mittels Klang und als solches wichtig für Kommunikation und Wahrheit.

Türkis Das Chakra der Thymusdrüse ist eng mit dem Herzen verknüpft und steht für Grosszügigkeit in Leben und Liebe.

Grün Das Herzchakra ist das Zentrum für Liebe und Harmonie. In diesem Bereich findet das Seelenleben seinen Ausdruck. Grün ist die Farbe der Ausgewogenheit.

Gelb Vom Solarplexus, dem Sonnengeflecht, strahlt das Licht sonnengleich in das Nervensystem aus. Dies ist der Ort der Empfindsamkeit für das Geschehen um uns herum, der Anerkennung und des Selbstwertgefühls. Unbewältigtes schlägt sich hier belastend nieder.

Orange Das Sakralchakra steht in Beziehung zu den Nebennierendrüsen und ist stark von den genetischen Gegebenheiten beeinflusst. Seine Aufgabe ist mehr erdverbunden als spirituell. Körperbewegungen, Wohlbefinden und Freude werden von hier aus beeinflusst.

Rot Das Basischakra hängt mit Leidenschaft, Lebenskraft, Sexualität und Schöpfungskraft zusammen.

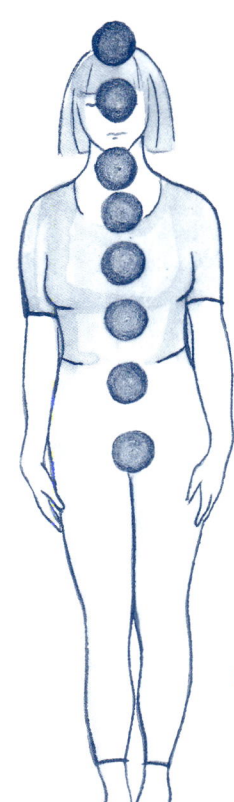

Chakra	**Sanskritname**
Scheitel (Zirbeldrüse)	Sahasrara
Stirn (Hirnanhangdrüse)	Ajna
Kehle (Schilddrüse)	Vishudda
Thymusdrüse	Anahata
Herz	
Solarplexus	Manipura
Sakrum (Nebennierendrüsen)	Swadisthana
Basis	Muladhara

Die Chakras

Die den acht farbigen Schichten der Aura entsprechenden Chakras liegen parallel zur Wirbelsäule in der ätherischen Hülle (siehe unten).

Da in der traditionellen tibetanischen Lehre Thymus- und Herzchakra eine Energie bilden, steht dafür nur ein Sanskritname.

Übergeordnete Chakras   Untergeordnete Chakras

Chakraenergie

Im Profil betrachtet, bilden die den Körper umgebenden Energien eine nierenförmige Hülle. Beim fünften Brustwirbel, in der Höhe des Herzens, mündet ein trichterartiger Kanal, der feinstoffliche Energie leitet, die feiner und durchsichtiger ist als die der Aura. Von hier aus führt die Energie des Lichts den Menschen auf seinem Weg.

Die kleineren, untergeordneten Chakras befinden sich am äusseren Rand der ätherischen Hülle, etwa acht bis zehn Zentimeter vom Körper entfernt. Die übergeordneten Zentren liegen am äusseren Rand der Aura.

und folgte andererseits Beobachtungen von Wissenschaftlern und Hellsichtigen, die behaupteten, eine den Körper umgebende, leuchtende Ausstrahlung wahrzunehmen.

Walter John Kilner, Arzt und Chirurg am Londoner St.-Thomas-Krankenhaus, wurde im Jahre 1869 zum Direktor einer der ersten Röntgenabteilungen ernannt. Seine Versuche, ein Gerät zu entwickeln, das ihm ermögliche, die leuchtende Ausstrahlung des Körpers zu sehen, führte zur Entwicklung des Färbemittels Dicyanin. Durch eine mit diesem Farbstoff beschichtete Linse konnte er Lichtstrahlen des ultravioletten Bereichs sichtbar machen. Der «Kilner-Screen», wie der Apparat genannt wurde, zeigte ein blaugraues Lichtband auf, das sich fünfzehn bis zwanzig Zentimeter um den Körper herum ausdehnte. Darüber hinaus wurde ein zweites Band dunstigen Lichts erkennbar. Kilner beobachtete, wie Müdigkeit, Stimmungsschwankungen und Krankheiten Grösse und Form der Ausstrahlung beeinflussten. Auch Magnetismus, Elektrizität und Hypnose veränderten das Bild.

In den dreissiger Jahren stellte der russische Techniker Semyon Kirlian bei der Elektrotherapiebehandlung auf der Haut seiner Patienten winzige Lichtblitze fest. Er entwickelte eine Ausrüstung, die es ihm ermöglichte, diesen Effekt zu reproduzieren und das Ergebnis auf Fotopapier festzuhalten, die sogenannte Kirlian-Fotografie. Eine seiner bedeutendsten Erkenntnisse war, dass jeder Mensch ein eigenes, einzigartiges Energiemuster besitzt.

Die Wahrnehmung der Aura

Die Versuche, unsichtbare Energiemuster des Menschen erkennbar und messbar zu machen, haben wesentlich zur Akzeptanz der Idee vom Vorhandensein einer menschlichen Aura beigetragen. Jedoch war bisher kein Gerät in der Lage, mehr von der Aura aufzuzeigen als die ätherische Energie, die den Körper unmittelbar umgibt. Menschen besitzen dagegen potentiell die Fähigkeit, die vielfarbige menschliche Aura direkt wahrzunehmen. Das dritte Auge, die Hirnanhangdrüse, soll dabei eine zentrale Rolle spielen. Nur wenige Menschen können diese Gabe von Geburt an bewahren, die meisten Menschen verlieren sie.

Farbtherapeuten werden geschult, die Aura zu lesen und die Farben des Körpers auszupendeln. Sie verwenden dazu eine oder mehrere der auf den folgenden Seiten beschriebenen Techniken.

Die Voraussetzung, um die Aura zu lesen, ist die Beherrschung willkürlicher, kontrollierter Veränderungen im Zustand des Gehirns. Erste Grundlagen dazu finden Sie auf den folgenden Seiten; ein guter Lehrer ist im weiteren jedoch eine wesentliche Hilfe. Die Techniken sind einfach und eng mit der auf den Seiten 52–53

Energie der Aura und der Chakras

Die menschliche Aura umgibt den Körper in allen drei Dimensionen. Ebenso strömen die den Körper umgebenden Energien von allen Seiten in die Chakras.

Bereitschaft für die Farbenergien

Beginnen Sie damit, an beliebige Farben zu denken. Stellen Sie sich vor, Sie könnten die Farben der Aura genauso deutlich sehen. Gestatten Sie den feinstofflichen Energien, in Ihr Bewusstsein einzutreten. Wenn es Ihnen – vielleicht nach einigen Versuchen – gelingt, nicht nur «so zu tun als ob», sondern Sie beginnen, die Farben tatsächlich zu erleben, stehen Sie schon am Anfang der feinstofflichen Farbwahrnehmung. Wichtig ist die grundsätzliche Bereitschaft und Offenheit dafür, dass eine solche Wahrnehmung von Farbenergien überhaupt möglich ist. Denken Sie zurück an die Übung auf Seite 40, und rufen Sie sich die Durchsichtigkeit und Strahlkraft der Farben ins Gedächtnis. Üben Sie, bis Sie die ganze Reihe der Komplementärfarben innerlich sehen können – diese leuchtenden Farbtöne sind dieselben, die Sie auch in der Aura finden. Jetzt brauchen Sie sich nur noch auf diese Farben einzulassen, und die feinstofflichen Energieschwingungen werden sich Ihnen offenbaren.

Doch denken Sie daran: Die Aura eines Menschen ist etwas sehr Persönliches. Bitten Sie immer zuerst um Erlaubnis, bevor Sie in diese Welt subtiler Botschaften eintreten. Es könnte sich ein verzerrtes Bild ergeben, wenn Sie ohne das Einverständnis des oder der Betroffenen handeln.

beschriebenen Entspannungsübung verbunden. Um aus den derart veränderten Bewusstseinszuständen wieder in die Alltagsrealität zurückzukehren, benötigen Sie Begleitung; deshalb sollten Sie die Übungen niemals allein durchführen.

Veränderte Zustände des Gehirns

Jeder Mensch ist in der Lage, willentlich den Zustand des Gehirns zu beeinflussen. Und dies ist auch die Voraussetzung, um die Farben der Aura bewusst erfahren zu können. Dabei geht es um die vier Ebenen der Hirntätigkeit, die gewöhnlich auch bei Messungen mit dem Elektroenzephalographen unterschieden werden. Je mehr die Frequenz der Hirnströme abnimmt, dest länger werden ihre Wellen. Das Ziel ist also, die Frequenz der Hirnströme zu verringern. Eine solche Veränderung des Bewusstseins kann durch einen Schock im positiven oder negativen Sinne ausgelöst werden, durch den sich Persönlichkeit und Seele vom physischen Selbst lösen. Am besten und sichersten lässt sich dieser Zustand aber gezielt durch Meditation erreichen. Im entrückten, meditativen Zustand können manche Menschen plötzlich Dinge «sehen», die zuvor für sie nicht wahrnehmbar waren. So macht die verlangsamte Hirntätigkeit den Menschen auch aufnahmefähiger für die feinstofflichen Farbenergien. Wer offen ist für die Energie des Lichts, kommt auch in den Genuss der Wirkung ihrer Farben.

Verlangsamung der Hirnwellen

Im erregten Zustand können die Hirnströme einen stark erhöhten Beta-Rhythmus mit bis zu 34 Schwingungen in der Sekunde erreichen. Bei einer normalen Aktivität beträgt die Hirnfrequenz um 21 Schwingungen pro Sekunde (Beta-Rhythmus). Unterhalb der Beta-Ebene liegt der ruhige Alpha-Zustand mit 8–13 Schwingungen pro Sekunde. Der Alpha-Zustand ist die normale Hirnfrequenz bei Tieren und beim Menschen in entspanntem Zustand mit geschlossenen Augen. Der Theta-Zustand noch tieferer Ruhe und Entspannung weist 4–7 Schwingungen pro Sekunde auf. Feste Gegenstände erscheinen in diesem Zustand als durchsichtig. Wird die Frequenz der Hirnwellen noch weiter verrringert, gelangt man in den Delta-Zustand mit nur 0,5–3 Schwingungen in der Sekunde. Das Bewusstsein hört auf zu differenzieren; Hören, Sehen und Fühlen sind eins; Raum und Zeit werden austauschbar. Eine Erfahrung kann zugleich als Gefühl erlebt und wie von aussen wahrgenommen werden. Wahrnehmung ist nicht länger auf den Sehsinn beschränkt. Um aus diesem Zustand wieder zurück ins normale Bewusstsein zu gelangen, bedarf es der Hilfe.

Bewusstsein und Aura

Der Wechsel des Bewusstseinszustands spiegelt sich auch in der eigenen Aura. Beim normalen Beta-Rhythmus weist die Aura die üblichen Farben auf. Mit zunehmender Verlangsamung der Hirnströme zum Alpha-Rhythmus erscheint die Aura mit einem blauen Schimmer überzogen, der sich im Theta-Rhythmus golden tönt; im Delta-Rhythmus ist die Aura fast weiss, mit einem leichten Magentaton. Diese Veränderung entspricht jener der evolutionären Entwicklungsstufen vom Menschen über das Tier und die Pflanzenwelt bis zum Mineralreich (siehe auch Seite 61).

Die Farben der Wirbelsäule und ihre Wahrnehmung

Aura und Chakras sind zwei Ausdrucksformen für die Farbenergien in und um unseren Körper herum. Auch in der Wirbelsäule können sich diese Energien manifestieren. In der Wirbelsäule und im Nervensystem sind, bildlich gesprochen, tief eingegrabene Spuren von Erinnerungen der menschlichen Entwicklungsgeschichte gespeichert. Der Schädel und die Wirbel, die schützend das zentrale Nervensystem umgeben, können in fünf Abschnitte unterteilt werden. Jeder steht in Beziehung zu einer bestimmten Funktion, die zugleich auch einer Stufe des Evolutionsprozesses entspricht: die Physis, der Stoffwechsel, die Gefühle, der Intellekt und die Spiritualität. Jeder Abschnitt umfasst acht Wirbel, denen die konzentrierten Farbenergien der acht Spektralfarben zugeordnet sind (siehe Seite 71).

Durch radiästhetische Hilfsmittel können Sie Ihre Sinne auf die Schwingungen der Farben einstellen. Mit einer Wünschelrute, einem gegabelten Ast, der die Wahrnehmung von Kräften unterhalb der Erdoberfläche verstärkt, lassen sich Wasseradern finden. Auch das Pendel findet zu solchen Zwecken Verwendung. Eine andere Methode, die leicht zu erlernen und einfach anzuwenden ist, ist das Erspüren der von den Wirbeln ausgehenden Energiequalitäten, sozusagen ein Pendeln mit dem Finger (siehe Seite 70). Jeder kann pendeln lernen, wodurch die Diagnose der Farbenergien relativ einfach wird. Wenn Sie erst einmal damit begonnen haben, werden Sie feststellen, dass Ihre Empfindsamkeit zunimmt und dass Ihnen auch andere Methoden zugänglich werden.

Der Gebrauch des Pendels

Wählen Sie ein Ihnen entsprechendes Pendel aus Metall, Holz oder einem Kristall. Die Schnur oder Kette, an der es befestigt ist, sollte 20 bis 30 Zentimeter lang sein; je feiner sie ist, desto weniger Widerstand bietet sie den Bewegungen des Pendels. Zunächst müssen Sie feststellen, welchen Bewegungen die Antworten «Ja», «Nein» und «Weiss nicht» entsprechen; die Bewegung kann einen

Arbeit mit dem Pendel

Sobald Sie die für Sie geltenden Pendelbewegungen für «Ja», «Nein» und «Weiss nicht» festgestellt haben, können Sie mit dem Pendeln beginnen. Halten sie den Faden zwischen den Fingern, und lenken Sie Ihre Aufmerksamkeit ganz auf Ihre Frage. Bedenken Sie, dass sie klar gestellt werden muss, und zwar so, dass mit «Ja» oder «Nein» geantwortet werden kann.

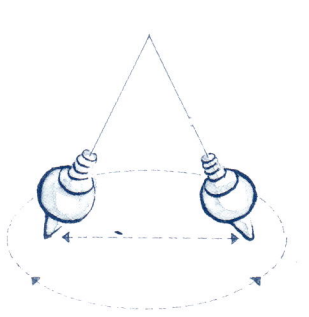

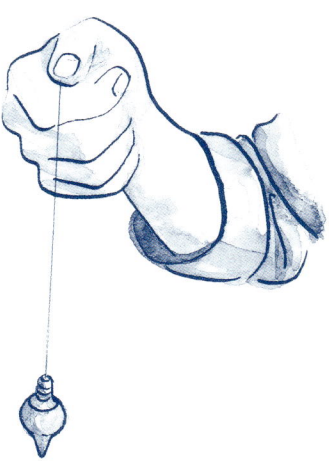

Kreis beschreiben, seitwärts oder vor und zurück gehen. Um sie zu bestimmen, setzen Sie sich hin und lassen Sie das Pendel etwa fünf Zentimeter über Ihren Knien baumeln. Halten Sie die Hand mit dem Pendel möglichst ruhig, und fragen Sie: «Was bedeutet für mich ‹Ja›?» Geben Sie dem Pendel Zeit, die Bewegung anzuzeigen, und merken Sie sich die Richtung. Noch bevor das Pendel aufhört zu schwingen, stellen Sie die Frage: «Was bedeutet für mich ‹Nein›?» Wiederholen Sie dies mehrmals täglich, bis Sie sich der Bedeutung der einzelnen Bewegungen ganz sicher sind.

Die Arbeit mit dem Pendel ist eine sehr persönliche Angelegenheit. Sie sollte absolut zweckfrei, mit Hingabe und nur zum Wohl der Freunde und Klienten betrieben werden. Lassen Sie keine andere Person Ihr Pendel gebrauchen.

Erspüren von Energien mit dem Finger

Die gegenüber gezeigte Abbildung dient als Grundlage zur Bestimmung aktiver Energien in der Wirbelsäule des Menschen. Um die Verbindung zum betreffenden Menschen herzustellen, benötigen Sie lediglich noch eine Haarsträhne, ein Foto oder die Unterschrift von ihm, die direkt auf die Rückseite des Blattes mit der Abbildung geschrieben beziehungsweise darunter gelegt werden.

Erspüren der Farbenergien der Wirbelsäule

Benutzen Sie den Mittelfinger der linken Hand (Linkshänder nehmen die rechte Hand), und bewegen Sie den Finger, oben beginnend, etwa einen Zentimeter über dem Papier langsam Wirbel für Wirbel abwärts. Lassen Sie dabei Ihren Gefühlen und Empfindungen freien Lauf. Bei den inaktiven Wirbeln werden Sie nichts spüren, die aktiven werden aber Empfindungen von Hitze, Kälte, Abwehr oder ein Kribbeln in Ihnen auslösen. Notieren Sie diese Ergebnisse und auch das Ausmass der Reaktion, ob stark, mittel oder schwach.

Spiritueller Bereich

Die Schädelknochen empfangen Botschaften vom höheren, spirituellen Selbst. Sie werden nicht für diagnostische Zwecke verwendet, da die Interpretation schwierig ist.

Mentalbereich

Die Farben stehen in bezug zum Ego, zu Gedanken, Erinnerungen und dem Intellekt.

Emotionalbereich

Diese Wirbel geben Aufschluss über die Astralebene, den Bereich des Seelenlebens und der Beziehungen, Gefühle wie Freude, Liebe, Liebeskummer, Hass und Wut, emotionale Erschütterungen und unsere persönliche Reaktion auf die Umwelt.

Stoffwechselbereich

Diese Wirbel stehen in Beziehung zum Bereich der physisch-ätherischen Lebenskraft, der häuslichen Umgebung, den täglichen Abläufen, den Stoffwechselvorgängen einschliesslich der Verdauung und des Abbaus von Nahrungs- und Schlackenstoffen.

Physischer Bereich

Dieser Bereich gibt Aufschluss über das körperliche Befinden, Sexualität, Gewohnheiten und Suchtneigungen, Gebrechen und Krankheiten, sportliche und andere körperliche Aktivitäten.

7 Halswirbel

12 Brustwirbel

5 Lendenwirbel

Kreuzbeinwirbel (Sakrum)

Wirbelsäulendiagnose

Aufgrund der Analyse der Farbenergien der Wirbelsäule lässt sich auf den Zustand von Körper und Geist schliessen (siehe Seite 72/73) und die entsprechende Farbe zum Zweck der Heilung auswählen.

Die Reihenfolge der Farben

Innerhalb jedes Abschnittes folgen die Farben jeweils derselben Reihenfolge, jener des Regenbogens, von oben nach unten von Magenta (Bläulichrot) zum Rot.

Farbintensität

Die Intensität der Farben nimmt zum unteren Ende der Wirbelsäule hin zu. Dieser Bereich repräsentiert die körperlichen Funktionen, die Farben sind hier entsprechend dichter.

Legen Sie nun das Blatt auf den Tisch, achten Sie aber darauf, dass nichts Geschriebenes oder Gedrucktes darunter, zum Beispiel in einer Schublade, liegt.

Die Farben der Gesundheit

Bei einem gesunden, ausgeglichenen Menschen treten die Farben in sich von oben bis unten wiederholenden Achterreihen auf (siehe Seite 71), und jede Farbe besitzt ihr Gegenstück in einem Wirbel mit der Komplementärfarbe, die beide durch Energieströme miteinander verbunden sind. Wenn die Farbenergien der Wirbelsäule in solchen komplementären Paaren auftreten, sind sie im Gleichgewicht (siehe auch Seite 91). Wenn die Komplementärfarbe fehlt, die Energie also nicht auf ihr Gegenstück gerichtet ist, sondern sozusagen ziellos fliesst, herrscht ein Ungleichgewicht im Körper (siehe Kapitel 5).

Die Farben der gesunden Wirbelsäule

MAGENTA

Mental	**Emotional**	**Stoffwechselbezogen**	**Physisch**
Loslassen, Veränderung. Ich bemühe mich um Veränderung und löse mich von alten Vorstellungen.	Ich lasse alte Gefühle los und erlaube mir, meine Gefühle zu ändern.	Es gelingt mir, überholte Gewohnheiten abzulegen und mein Essverhalten (Trink-, Rauchverhalten usw.) zu verändern.	Ich bemühe mich, nicht mehr angemessene Tätigkeiten zu unterlassen und mich in meiner Lebensweise vom Einfluss anderer frei zu machen.

VIOLETT

Mental	**Emotional**	**Stoffwechselbezogen**	**Physisch**
Würde. Ich erweise meinem Denken den gebührenden Respekt.	Ich anerkenne und würdige meine Gefühle.	Mein Heim ist ein würdevoller Ort. Ich behandle mein Zuhause und meine Nahrung mit Achtung.	Ich achte meinen Körper und seine Würde.

BLAU

Mental	**Emotional**	**Stoffwechselbezogen**	**Physisch**
Entspannung. Mein Geist ist entspannt und friedlich.	Ich fühle mich friedlich und gelöst.	Mein häusliches Leben ist entspannt, ich lasse mir Zeit für meine Mahlzeiten.	Ich verrichte meine Arbeit und andere Aktivitäten entspannt.

TÜRKIS

Mental	**Emotional**	**Stoffwechselbezogen**	**Physisch**
Immunität. Ich bin unabhängig und unbeeinflussbar gegenüber den Gedanken anderer Menschen.	Ich schaffe es. Die Gefühle anderer bringen mich nicht von meinem Weg ab.	Ich versorge mein Immunsystem mit genügend Energie, damit es gesund ist und gut funktioniert.	Ich bewege mich frei und ungezwungen, ohne Rücksicht auf die Erwartungen anderer.

In der untenstehenden Übersicht ist die Bedeutung der Farben einer gesunden Wirbelsäule jeweils für den mentalen, den emotionalen, den Stoffwechselbereich und den physischen Bereich beschrieben. Das Vorhandensein der Farbe hängt vom Aktivitätsgrad im betreffenden Wirbel ab. In der Praxis lässt sich gewöhnlich bei etwa der Hälfte der Wirbel eine Energie feststellen. Da die Vorgänge im Körper dauerndem Wechsel unterworfen sind, sind niemals alle Farben gleichzeitig und gleichermassen aktiv (siehe auch Seite 77). Der Mensch befindet sich ständig in Bewegung auf einen neuen Zustand des Gleichgewichts hin. Indem der Farbtherapeut eine Reihe von Analysen an verschiedenen Tagen und zu verschiedenen Tageszeiten macht, kann er ein vollständiges Bild der sich in der Wirbelsäule manifestierenden Energien und ihrer Muster herstellen.

GRÜN

Mental
Gleichgewicht. Ich bin im Gleichgewicht, mein Arbeits- und Privatleben ergänzen sich harmonisch.

Emotional
Ich habe ein ausgewogenes Verhältnis zu meinem Partner und meinem sozialen Umfeld.

Stoffwechselbezogen
Mein häusliches Leben ist stabil. Aktivität und Ruhe wechseln einander ab.

Physisch
Ich bin fähig, in der angemessenen Art und im richtigen Moment zu handeln.

GELB

Mental
Loslösung. Ich kann klar denken und besitze ein gesundes Urteilsvermögen.

Emotional
Ich kann mich von meinen eigenen Gefühlen und denen anderer lösen und sie objektiv betrachten.

Stoffwechselbezogen
Ich sehe mein Zuhause objektiv, erkenne seine Vorzüge und Unvollkommerheiten.

Physisch
Ich bin fähig, entsprechend den Bedürfnissen des Augenblicks zu handeln.

ORANGE

Mental
Freude. Meine Gedanken sind voller Freude und Glück.

Emotional
Mein Herz ist offen, voller Freude und macht einen beglückenden emotionalen Austausch möglich.

Stoffwechselbezogen
Häusliche Freude und Genuss fördern meine Verdauung und kräftigen den ganzen Körper.

Physisch
Ich bin fähig, die von mir verlangten körperlichen Tätigkeiten zu geniessen.

ROT

Mental
Kraft. Ich habe die Energie zu denken und alle geistigen Aufgaben zu erfüllen.

Emotional
Ich habe die Kraft, meine Gefühle offen zu zeigen.

Stoffwechselbezogen
Ich halte mein Zuhause sauber und ordentlich. Meine Körperfunktionen und meine Verdauung sind in Schwung.

Physisch
Meine täglichen, körperlichen Aktivitäten schaffe ich gut.

Der Körper im Gleichgewicht

Die fünf Funktionen des menschlichen Körpers – der spirituelle, mentale, emotionale, der Stoffwechselbereich und der physische Bereich – tauschen ständig Energien untereinander aus. Dieser fortwährende Austausch zum Zweck der Erhaltung des Gleichgewichts ist der Inbegriff von Leben und Gesundheit. Die Energien können nur dann ungehindert und ununterbrochen im Körper fliessen, wenn wir uns aller fünf Funktionen gleichermassen bewusst sind und sie pflegen. Ähnlich einer Rudermannschaft, die nur gemeinsam vorankommt, bilden auch die fünf Bereiche eine Einheit, die nur im Zusammenspiel stark und dem Leben gewachsen ist.

Dies klingt zwar einfach, ist jedoch in der Realität für viele Menschen ein schwieriges Unterfangen. Wenn jemand beispielsweise immer viele gute Ideen hat, diese jedoch nicht ebensogut in die Tat umsetzen kann, sollte er dem Bereich seiner körperlichen Aktivität mehr Gewicht geben, vielleicht durch Gärtnern oder andere handfeste Tätigkeiten. Dies hilft zu «erden», verstärkt den physischen Aspekt ebenso wie die Beziehung zwischen der geistigen und der körperlichen Ebene; letzteres wiederum hilft, Ideen in die Tat umzusetzen. Das Ziel ist, den Energiestrom frei durch alle Bereiche, den mentalen, den emotionalen und den physischen, fliessen zu lassen. Nur durch gesunde Aktivität auf allen Ebenen kann ein solcher Energiefluss erreicht und erhalten werden.

Die Wirbelsäulediagnose (siehe Seite 71) zeigt die Verknüpfungen zwischen den verschiedenen Ebenen besonders gut. Auch das intensive Schwirren der Aurafarben eines Menschen spiegelt die Qualität des Energieflusses im Körper. Bei einer gesunden Person haben die Farben ein charakteristisches Glühen und Leuchten. Bei Menschen, die ein gesundes und lustvolles Sexualleben führen, leuchtet die rote Energie des Basis-Chakras hell und klar. Dieses Rot kann aber schnell seinen Reiz verlieren, wenn alle mentalen und emotionalen Kräfte ausschliesslich auf das Erreichen des einen Ziels gerichtet sind. Das Rot ist dann nicht mehr mit den im Wechselspiel aufgenommenen Energien der anderen Energiezentren angereichert, es wirkt trübe und stumpf. In Fällen von Vergewaltigung trägt die rote Sexualenergie des Täters einen schwarzen Schleier. Alle Energiezentren werden dunkler und wirken unrein, wenn sie nicht voll arbeiten, und besonders dann, wenn die Energien zu unlauteren Zwecken eingesetzt werden.

Solange die aktiven Wirbel der Wirbelsäule rege Energien austauschen, um das Gleichgewicht zu erhalten, befindet sich der Körper im Zustand der Gesundheit. Der Körper arbeitet immerzu auf ein perfektes Gleichgewicht der Kräfte hin, das jedoch niemals

Bei der Gartenarbeit wirken die im Rhythmus der Jahreszeiten wechselnden heilkräftigen Farbenergien der Natur auf Sie ein. Eine Stunde pro Tag in frischer Luft und freier Natur kann herrlich belebend sein.

Bewegung und Gesundheit

Das oben gezeigte Muster ist die Wiedergabe einer Deckenbemalung in einer Klinik für Krebspatienten im letzten Stadium in Cleveland, England. Es verbindet die heilenden Farben Blau und Gold mit Formen, die sowohl Bewegung als auch Ausrichtung vermitteln. Das Muster regt den Betrachter an, ihm zu folgen; von oben, dem Kopf, über den Rest des Körpers mit dem Herzen in der Mitte. Dadurch soll der ganze Körper in Bewegung, in Schwingung versetzt werden – das Gegenteil von Krankheit, Verfall und Stillstand. Diese Bewegung belebt das ganze Wesen und hilft Geist, Körper und Gefühle wieder miteinander in Einklang zu bringen.

erreicht werden kann, da ständig unzählig viele innere und äussere Veränderungen stattfinden.

Veränderungen der Aura

Die ständigen Veränderungen der Energien der Aura werden unter anderem durch die normalen täglichen Aktivitäten und den Schlaf-Wach-Rhythmus bewirkt (siehe gegenüberliegende Seite), und auch der Alterungsprozess hat einen Einfluss darauf. Im Schlaf besitzt die Aura eine starke Energie, während die Aktivität der Chakras nachlässt und die von ihnen empfangene und ausgesandte Energie in Form feinster Strahlen erscheint. Im Wachzustand ist das Gegenteil der Fall: Die Chakra-Energie ist jetzt stärker, während die den Körper umhüllenden Auraschichten zarter erscheinen.

Während der Kindheit bis zur Pubertät herrschen Rot und Orange in der Aura vor, diese Zeitspanne ist entsprechend durch Aktivität und Spiel geprägt. Im Alter von etwa zwölf Jahren beginnt die Farbe Gelb, die Farbe des Intellekts, zu dominieren. Weiter im Zwölf-Jahres-Rhythmus gewinnt zwischen 24 und 36 Jahren Grün, die Farbe der Seele und des Herzens, an Einfluss, was dem Gleichgewicht, guter Gesundheit und harmonischem Familienleben förderlich ist. Blau-, Violett- und Magentatöne treten im Alter von über 48 Jahren stärker hervor. Blau und Violett sind Farben, die mit Lehren und Dienen assoziiert werden; die Erfahrungen und die Weisheit, die bis dahin im Leben gesammelt wurden, wollen im höheren Alter mitgeteilt werden. Magenta, die dominante Farbe im Alter ab 72 Jahren, kennzeichnet die Zeit loszulassen – Zeit, dass die nächste Generation übernimmt.

Temperament und Aura

Zusätzlich zum natürlichen Auf und Ab des Energieflusses im Ablauf des Tages und seiner durch den Alterungsprozess bedingten Veränderungen haben die unterschiedlichen Temperamente einen entscheidenden Einfluss auf die Farbenergien. Rudolf Steiner unterschied die gleichen vier Temperamente, die schon der griechische Arzt Hippokrates (460–375 v. Chr.) beschrieben hatte. Sanguinische Typen, die vom Luftelement beeinflusst sind, nehmen Probleme auf die leichte Schulter. Sie sind gute Planer von langfristigen Projekten. In ihrer Aura herrscht die Farbe Gelb vor. Der Melancholiker legt Wert auf das Detail, seine Stärke ist die Umsetzung von Plänen in die Praxis. Er ist von Traurigkeit bestimmt und manchmal unfähig, «das Licht am Ende des Tunnels» zu sehen. Seine Farbe ist Blau, sie ist mit dem Element Wasser verbunden.

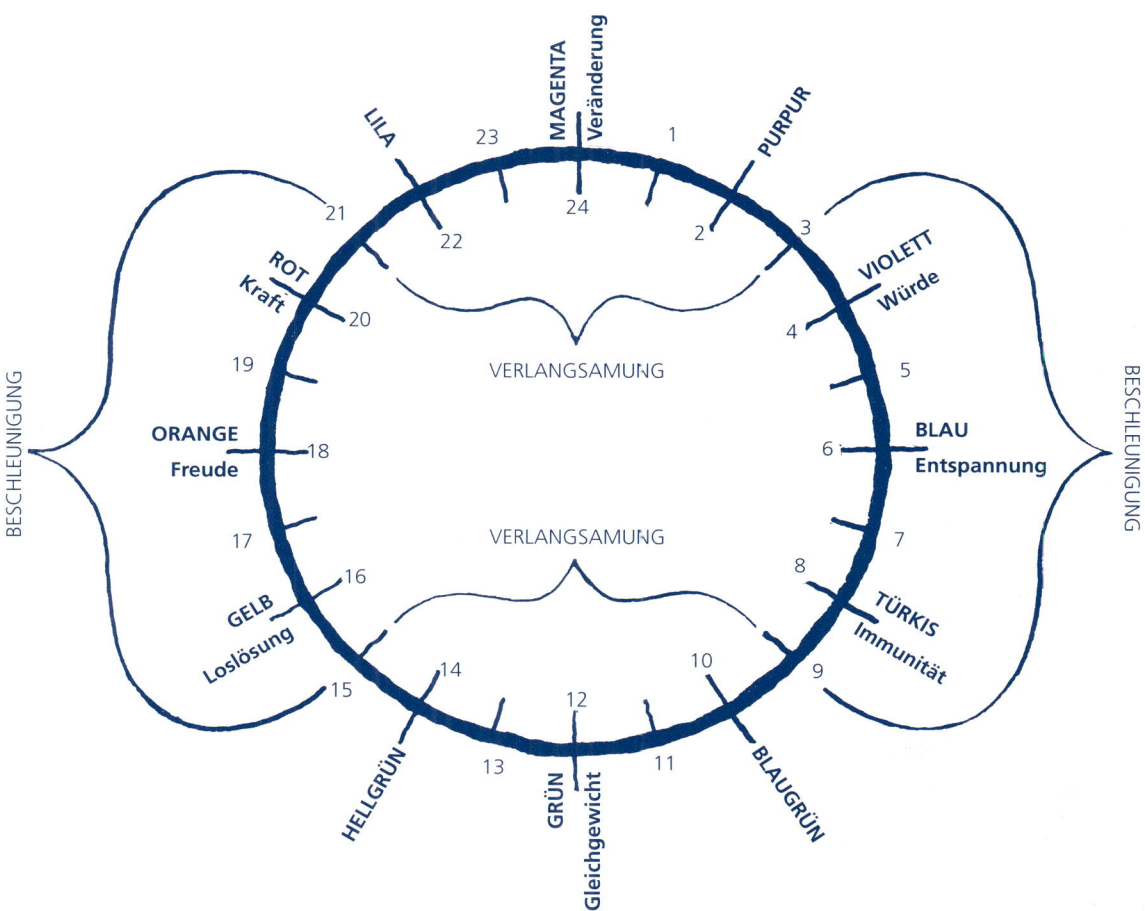

Der cholerische Typ, der mit dem Element Feuer assoziiert wird, handelt manchmal ungeduldig und oftmals ohne zuvor zu denken. Rot ist bei ihm die dominierende Farbe. Geduld zeichnet den Phlegmatiker aus, der mit dem Erdelement verbunden ist. Seine Farbe ist das Grün. Der Phlegmatiker wartet darauf, dass die Dinge geschehen, nach dem Motto, den Berg zum Propheten kommen zu lassen.

Tägliche Rhythmen des Körpers

Unterteilt man die 24 Stunden eines Tages in Intervalle von je 2 Stunden, lässt sich jedem dieser Abschnitte eine bestimmte Art der Aktivität zuordnen, die jeweils in bezug zu bestimmten Organen und einer bestimmten Farbe steht. Dieser 2-Stunden-Rhythmus wird überlagert durch einen 6-Stunden-Rhythmus der allgemeinen Verlangsamung bzw. Aktivierung: Zwischen 21 und 3 Uhr nachts ebbt die Energie ab, zwischen 3 Uhr und 9 Uhr morgens steigt sie wieder an, um dann bis 15 Uhr abermals abzunehmen. Danach beginnt die Aktivitätsphase des frühen Abends.

Kapitel 5

Farben erspüren

Die Test- und Diagnosemethoden der Farbtherapie beruhen auf der Grundüberzeugung, dass Krankheit aufgrund einer Persönlichkeitsanalyse vorhersehbar ist und dass ihr somit begegnet werden kann, bevor sie sich im Körper manifestiert. Ursache jeder Krankheit sind – gemäss dieser Auffassung – krankmachende Gedanken, die sich dann im emotionalen Bereich äussern und sich auf den Körper auswirken (siehe auch gegenüberliegende Seite). Mentale und emotionale Entwicklungen und Veränderungen werden von feinen Veränderungen der Farbenergien begleitet. Diese sind daher ein zuverlässiger Indikator für sich eventuell anbahnende Krankheiten. Spezifische Veränderungen in der Aura oder in den Farbenergien der Wirbelsäule weisen auf mögliche Probleme hin. Eine farbtherapeutische Behandlung kann auf solch ein Problem auf feinstofflicher Ebene einwirken, bevor es sich als Erkrankung im Körper niederschlägt. Dieser Ansatz unterscheidet sich grundlegend von dem der westlichen Medizin, die immer erst im physischen Körper manifeste Symptome behandelt.

Krankheit und Diagnose

Krankheit steht immer im Zusammenhang einerseits mit körperlichen Veränderungen einschliesslich jener, die durch Bakterien, Viren und andere Krankheitserreger hervorgerufen werden, und andererseits mit Zuständen des mentalen und emotionalen Ungleichgewichts, wie sie im Verlauf jeden Lebens auftreten können.

Die Farbtherapie kennt eine Vielzahl von diagnostischen Methoden, von denen einige, die in diesem Kapitel vorgestellt werden, ohne langwierige Übung erlernt werden können. Farbtherapeuten wenden in ihrer Praxis alle oder auch nur einige davon an. Manche Therapeuten benützen die Form und Farbe der Aura als diagnostisches Mittel (Seite 86–90). Andere verwenden die Wirbelsäulendiagnose mittels Pendel oder Finger, um Ungleichgewichte zu ermitteln und auszugleichen (Seite 90–92). Zusätzliche Informationen über die Persönlichkeit und ihre Bedürfnisse liefern psychologische Tests, die deutliche Hinweise auf die Prädisposition zu bestimmten gesundheitlichen Störungen geben können.

Die Methode des Farbspiegels (Seite 93–95) zeigt auf, wie sich Persönlichkeit und Lebenswandel auf die Gesundheit auswirken und welches die entsprechenden farbtherapeutischen Anwendungen sind. Der Lüscher-Farbtest (Seite 97) bietet eine detaillierte Persönlichkeitsanalyse.

Umwandlung negativer Gedanken

Werden Sie sich negativer Gedanken und Einstellungen bewusst, und stellen Sie sich ihnen. Bleiben diese unbewusst, so wirken sie weiter auf den emotionalen Bereich, wo sie sich als tiefsitzende schlechte Gefühle äussern können. Entspannen Sie sich, lösen Sie alle körperlichen Anspannungen, atmen Sie ruhig. Dann hüllen Sie sich gedanklich in die Farbe Magenta, die Ihnen erlaubt, sich von Ihren Gedanken zu lösen. Der Befreiung von diesen negativen Energien erwachsen Sie gestärkt und bereit für die nächste Stufe auf dem Weg Ihrer persönlichen Entwicklung.

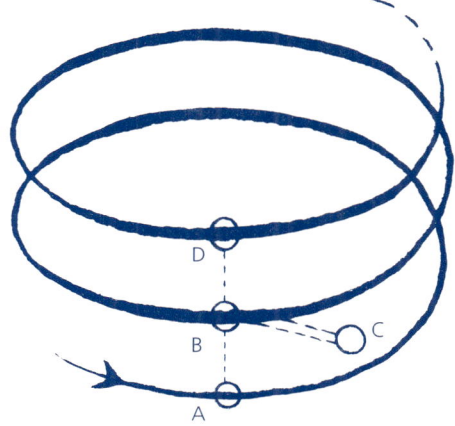

Leben als Spiralbewegung

Leben verläuft in spiralförmiger Bewegung. Finden Sie sich nach einer ersten Veränderung, einem Entwicklungsschritt auf geistiger Ebene (A), zu einem späteren Zeitpunkt in einer ähnlichen Situation (B), so ist dieser Schritt nun auf emotionaler Ebene zu vollziehen. Gelingt dies, so läuft die Entwicklung auf einer leicht veränderten Bahn weiter (C). Bleibt das emotionale Problem ungelöst, begegnen Sie ihm in der Zukunft erneut, diesmal allerdings auf der Stoffwechselebene (D). Die Lebenskräfte sind schon bedeutend geschwächt; der Weg zurück zur Gesundheit ist länger.

Gesundheit und Bewegung

Der Körper befindet sich auf allen Ebenen im Zustand ständiger Veränderung, und Gesundheit hängt in starkem Masse von der Fähigkeit ab, diese Wandlungsprozesse in die Entwicklung integrieren zu können. Bewegung ist die natürliche Voraussetzung für Gesundheit und Entwicklung.

Wenn die Bewegungen in den Körperfunktionen nachlassen – angefangen beim Herzschlag bis hin zu den Aktivitäten auf der Ebene der Zellen –, funktioniert der Körper nicht mehr reibungslos und kann erkranken. Wenn dies geschieht, nehmen Sie die Krankheit als Herausforderung an und als Möglichkeit voranzuschreiten, sowohl körperlich wie auch geistig. So können Sie daraus mit einem gesünderen Körper und einem wacheren Geist hervorgehen. Krankheit ist ein Lernprozess, eine Lektion auf dem Weg zu höherem Bewusstsein.

Krankheit als Herausforderung

Schmerzen oder die Feststellung einer Krankheit zwingen dazu, sich über die Wiederherstellung der Gesundheit Gedanken zu machen. Ärzte können zwar hochspezialisierte Mittel verordnen, die auf die Körperfunktionen, die Physis, einwirken, und häufig auch die Stimmungslage beeinflussen. Sie mögen zwar die Symptome beheben, haben aber meistens eigene Nebenwirkungen und führen oft nur zu einem vorübergehenden Aufschub der Beschwerden. Wahre Heilung bedarf der aktiven Mithilfe des Patienten, um mehr als nur Linderung und «Verdrängung» zu erzielen.

Der Idealzustand

Körper und Geist besitzen eine «Erinnerung» an einen Idealzustand, der tief im Unbewussten eingegraben und auch im höheren Bewusstsein vorhanden ist. Wer, zum Beispiel mit der Methode der entspannten Kontemplation (Seite 52), Zugang zu diesen geistigen Bereichen findet, kann seine wahren persönlichen Bedürfnisse erkennen. Diese Innenschau ist Voraussetzung für Heilung.

Die Selbstbetrachtung gewährt Einblick in die Ursachen einer Erkrankung. Essgewohnheiten, Schlafverhalten oder Einflüsse der direkten Umgebung können mitverantwortlich sein. Auch die Gefühls- und Gedankenwelt ist mit einzubeziehen, denn hier liegen die Wurzeln aller chemischen Abläufe im Körper. Negative Einstellungen, Schuldgefühle, Hass und Rachegelüste, die Unfähigkeit zu vergeben und Vorwürfe beeinträchtigen nicht nur die geistigen Vorgänge, sondern schlagen schon bald auch auf die Gefühle und den Körper. Allein schon durch Beachtung dieser Zusammenhänge ist es möglich, eine engere Beziehung zwischen Körper und Geist herzustellen und die einen gesunden Fluss der Körperenergien beeinträchtigenden Gedanken und Verhaltensweisen anzugehen.

Der Pfad zur Gesundheit stellt sich für jeden Menschen anders dar. Auch wenn zwei Menschen scheinbar unter der gleichen Krankheit leiden, können sie ganz unterschiedliche Symptome zeigen, und Menschen mit genau den gleichen Beschwerden können auf ganz unterschiedlichen Wegen Heilung erreichen.

Aufnahme und Abgabe von Energie

Die Fähigkeit, Energie in unserem Inneren in Bewegung zu halten, hängt nicht nur von der Voraussetzung eines freien Energieflusses im Körper ab, der die mentalen, emotionalen und physischen Anteile miteinander verbindet, sondern auch davon, dass genügend Energie aufgenommen und auch wieder abgegeben wird. Bildlich gesprochen, atmet der Körper ständig: Er versorgt nicht nur die Lungen mit Luft, sondern lässt auch immerzu pulsierende Energie ein- und ausfliessen. Dieser kontinuierliche Austausch ist zusammen mit dem freien Fluss der Energien im Inneren die Voraussetzung für Gesundheit und persönliche Entwicklung. Hört alle Bewegung auf, bedeutet dies letztlich den Tod.

Die Arbeit des Farbtherapeuten

Bei jeder Farbtherapie steht zu Beginn ein Gespräch mit dem Berater, um ein Persönlichkeitsbild zu erstellen und die eigenen Bedürfnisse kennenzulernen. Die jeweiligen Fragen hängen von der individuellen Situation ab – den Gründen, die den Wunsch nach einer Farbtherapie auslösten, den Erfahrungen und Kenntnissen, die der Berater mit in die Therapie einbringt.

Die wichtigsten Fragen, die der Therapeut in der Einführungssitzung stellen wird, betreffen die Veränderungen des Verhaltens (oder der Symptome im Falle eines spezifischen Leidens) und der Gefühle im Verlauf des Tages. Wann ist der Klient besonders aktiv,

Die Entwicklung des Kindes

Kinder speichern die von aussen einströmende Energie bis zum Pubertätsalter. Nach der Pubertät besitzen sie ein ausreichend starkes Selbstgefühl, um von ihren eigenen Kräften grosszügig abzugeben. Die an Kinder herangetragene Erwartung, sich in einer bestimmten Weise zu verhalten, führt häufig dazu, dass sie auf Wunsch etwas vormachen, dem sie eigentlich noch gar nicht gewachsen sind. Dies kann sie überfordern und ihrer Energien berauben, die sie für ihr inneres Wachstum brauchen.

Die ätherische Energie des Kosmos

Die Energie, die wir aufnehmen, hat ihren Ursprung im Kosmos. Es ist die Lebenskraft, die dem Atmen, Essen, Wachsen, Fühlen und Denken zugrundeliegt. Die physische Energie, die wir aus der Nahrung beziehen, ist nur ein Teil der Kräfte, die das Leben aufrechterhalten. Sowohl kosmische wie auch physische Energien sind Ausdrucksformen der ätherischen, «lebenspendenden» Urkraft. Nahrung liefert physische oder Stoffwechselenergie, das Leben an sich wird durch die kosmischen ätherischen Energien genährt.

Aufnahme von Energie

Die Bereitschaft zur Aufnahme kosmischer ätherischer Energie hängt zum Teil von den angeborenen genetischen Mustern ab: Die einen öffnen sich freudig der Aussenwelt, die anderen verschliessen sich ihr. Die Erfahrungen als Kind und Jugendlicher haben ebenfalls einen grossen Einfluss darauf. Wer sich als Individuum wirklich anerkannt fühlt, ist offen für die lebenspendenden kosmischen Kräfte, die ihn umgeben. Fröhliche Menschen sind offener für diese Energien als trübsinnige. Indem diese sich selber ihrem Glück verschliessen, versagen sie sich die stärkenden und wohltuend belebenden Wirkungen.

Abgabe von Energie

Die Energieausströmung hängt davon ab, wie diese von der Umgebung aufgenommen wird. Wenn andere versuchen, diese Energien zu unterdrücken, kann das zu Depression und Frustration führen. Der freie Fluss der Energien schliesst die Möglichkeit, sich ohne Einschränkung offen auszudrücken, mit ein.

und wann fühlt er sich eher müde oder schlaff? Diese Fragen geben dem Therapeuten erste Hinweise darauf, welche Farbenergien in einem guten Zustand sind (die Farben der Aura sollten in diesem Fall rein und klar sein) und welche eher der therapeutischen Behandlung bedürfen.

Eine weitere Frage richtet sich auf Ihre Lieblingsfarben bzw. jene Farben, die Sie nicht mögen. Ausgehend davon, versucht der Berater den Ursprung dieser Vorlieben und Abneigungen herauszufinden, indem er nach Situationen fragt, die gute oder schlechte Assoziationen bewirkt haben können. Diese psychologischen Zusammenhänge sind deshalb wichtig, weil sie zu einer sehr unausgewogenen, einseitigen Farbwahl in sämtlichen Bereichen des täglichen Lebens führen können. Wir weichen nämlich häufig nur wegen vergangener schlechter Erfahrungen einer für unser Gleichgewicht dringend benötigten Farbe aus. Ziel der Befragung ist, wieder ein möglichst gutes Verhältnis zu allen Farben herzustellen.

Auch die Freizeitbeschäftigung kann durchaus von Bedeutung sein. Fragen danach können Widersprüche zwischen dem, was der Klient will, und dem, was er tatsächlich tut, aufzeigen.

Weiter können die verschiedenen Lebensaspekte, die in Beziehung zu den vier Abschnitten der Wirbelsäule stehen (siehe Seite 71), Gegenstand der Befragung sein. Diese Fragen sind oft nicht leicht zu beantworten, denn sie setzen Überlegung und die Erkenntnis von Zusammenhängen voraus, über die womöglich nie zuvor nachgedacht wurde. Die eigentliche Frage dahinter lautet: «Wie stark berücksichtigen Sie die mentalen, emotionalen, die Stoffwechselaspekte und die physischen Aspekte Ihres Lebens?» Die Antworten auf diese Fragen ermöglichen nicht nur dem Therapeuten, die Aussagen der Wirbelsäulendiagnose zu interpretieren. Sie ermöglichen auch dem Klienten selbst zu erkennen, welchen Stellenwert diese Aspekte für ihn haben, ob er sie akzeptiert oder ablehnt. Die Bedeutung des Stoffwechselbereichs etwa lässt sich an den Belangen des täglichen Lebens, der Regelmässigkeit und Gewissenhaftigkeit, mit der die häuslichen Pflichten und Notwendigkeiten erledigt werden, ablesen. Wird diesen Aufgaben entsprechende Bedeutung beigemessen, sollte die Energie in diesem Wirbelsäulenabschnitt hell und rein leuchten, die Farben sich im Gleichgewicht mit ihrem komplementären Gegenstück befinden (siehe Seite 72). Wird dem Stoffwechselbereich nicht genügend Aufmerksamkeit geschenkt, können dort leicht Energieblockaden auftreten, die dann zu Farbveränderungen führen. Die gestauten Energien behindern den freien Fluss der Lebenskraft im ganzen Körper, die Verbindung zwischen dem mentalen, dem emotionalen, dem Stoffwechselbereich und dem physischen Bereich ist gestört, und das Gleichgewicht geht verloren. Dies kann sogar bis zur Erkrankung führen. Aufgrund der Diagnose solcher Störungen, bevor sie sich als Krankheit auswirken, können Empfehlungen für Veränderungen im täglichen Leben abgegeben und das Problem, bevor es überhaupt manifest wurde, gelöst werden. Die Aussagen des Klienten zeigen auch, in welchem Masse er bereit ist, sein Leben anders zu gestalten.

Wichtigste Grundvoraussetzung ist die Bereitschaft des Patienten, mit dem Berater zusammenzuarbeiten. Befragungen helfen, Dinge zu äussern, die man zwar mitteilen möchte, aber schwer ausdrücken kann. Ein professioneller Berater wird jedoch niemals Informationen verlangen, bevor der Klient bereit ist, diese auch zu geben.

Fallstudie

David litt unter schwerer Migräne, und die Farbe Blau tauchte wiederholt in der Wirbelsäulendiagnose auf. Leichte Behandlungen mit Blau erwiesen sich als erfolglos, und er widersetzte sich dem Versuch, Blau zu visualisieren. Aus irgendeinem Grund war er nicht in der Lage, auf diese Farbe anzusprechen. Schliesslich schien die einzige Lösung, mit David über seine Vergangenheit zu sprechen, um herauszufinden, ob eine emotionale Bindung den Behandlungserfolg blockierte. David berichtete mir, dass er nie blaue Kleider trage und auch in seiner Wohnung nichts Blaues dulde, ihm sei die Farbe unangenehm. Ich fragte ihn, ob er jemals eine grosse Aufregung oder einen Schrecken erlebt habe, bei dem die Farbe Blau eine Rolle spielte. Er erinnerte sich eines Bahnzusammenstosses, den er im Alter von acht Jahren erlebt hatte. Der Zug entgleiste, es war Nacht, und er fiel aus seiner Schlafkoje. Über der Abteiltür leuchtete ein kleines, blaues Nachtlicht. Blau repräsentierte seither eine Energie in ihm, die er nicht annehmen wollte.

Mit der Verarbeitung dieses Erlebnisses und dem Erwerb eines neuen Verhältnisses zu dieser Farbe wurde auch eine Linderung seiner Migräne möglich. Nach Entspannungsübungen unter Verwendung der Farbe Blau verlief die weitere Behandlung erfolgreich. David war nun in der Lage, die heilenden Kräfte der Farbe anzunehmen. Einige Monate später beschloss er, sein Büro neu zu streichen – in Blau. Er berichtete, dass seine Migräneanfälle seither nicht mehr aufgetreten seien.

Ernährung und Aura

Auch die Ernährung hat einen Einfluss auf die Aura. Stark vorverarbeitete Speisen, besonders die abgepackten, konservierten und haltbar gemachten Lebensmitteln, liefern nicht genügend Energie und erzeugen eine entsprechend dünne Aura. Wenn jemand zuviel Fleisch isst, wird seine Aura zu dicht; erscheint die Aura hingegen schwach, sollte die Ernährung mehr Fleisch und Fisch enthalten.

Kinder besitzen eine natürlich strahlende, leuchtende Aura. Rot als Ausdruck der ihnen eigenen Beweglichkeit, und des Spielerischen ist die dominierende Farbe.

Veränderungen in der Aura

Wie bereits erwähnt, verändern sich Form und Farbe der Aura ständig in Reaktion auf die inneren und äusseren Umstände. Die inneren Zustandsänderungen bewirken vor allem eine Veränderung der Farben; sie zeigen eine Verlangsamung oder Beschleunigung oder eine Blockierung des Energieflusses an. Veränderungen der Form werden eher durch äussere Umstände ausgelöst. Je nachdem, ob sich jemand frei und natürlich geben kann oder ob er Zwängen unterworfen ist, kann sich die Aura ausdehnen oder zusammenziehen. Viele der kleineren Störungen gleichen sich von selber wieder aus. Grösseren Abweichungen kann man mit Hilfe von Farbatmung und Visualisationen begegnen, schwerwiegende Veränderungen brauchen vielleicht eine Behandlung mit farbigem Licht.

Farbveränderungen

Die Regenbogenfarben der Aura atmen, sie dehnen sich aus und ziehen sich zusammen – die Farben beginnen zu tanzen. Bei Gesundheit sind die Farben rein, hell, ziemlich dicht und kräftig. Glück bewirkt ein Schillern und einen zart leuchtenden Schimmer. Gefühle der Liebe überlagern die Aura mit den Farben von Amethyst und Rosenquarz. Traurigkeit dagegen äussert sich in einem niedrigen Energiezustand, die Farben werden undeutlicher und stumpf. Verträumte Menschen haben ebenfalls eine matt wirkende Aura; sie sind physisch zuwenig geerdet, und deshalb sind ihre Farben entsprechend weniger dicht.

Die beiden häufigsten Verfärbungen der Aura sind braun und grau. Sie sind die Folge eines Ungleichgewichts zwischen Aufnahme und Abgabe von Energie (siehe Seite 82). Eine Graufärbung lässt auf die Weigerung schliessen, etwas anzunehmen. Auf der mentalen Ebene könnte es die fehlende Bereitschaft sein, eine Überzeugung zu ändern; auf der emotionalen Ebene könnte es die Furcht vor gefühlsmässiger Verwicklung sein und auf der Ebene des Stoffwechsels die Verweigerung von Nahrung.

Der Ort der Verfärbung der Aura zeigt an, auf welcher Ebene das Problem liegt. Probleme auf der Mentalebene zeigen sich in den äusseren Schichten, emotionale, Stoffwechsel- und physische Probleme äussern sich in den nachfolgenden Schichten. Die Farbveränderungen stehen auch in Beziehung zu den Chakras (siehe Seite 62–65). Furcht vor emotionaler Verstrickung zeigt sich sowohl in der grünen Herz-Schicht der Aura wie auch in der Gegend des Herzchakras als grauer Schleier.

Braun signalisiert das Festhalten von Energie, die losgelassen werden sollte. Selbst eine Erkältung färbt die Aura braun. Dies ist

Verfärbungen der Aura als Diagnosemittel

Die untenstehende Übersicht zeigt die Bedeutung der Energieblockaden in der Aura auf. Diese zeigen sich in einer bräunlichen Verfärbung – Energie wird festgehalten – oder in einer Grauverfärbung – die Energieaufnahme ist gehemmt.

Ausdruck der Haltung: «Auch wenn es mir nicht guttut, will ich es behalten.» Jemand, der mehr nimmt als gibt, weist infolge der Ballung von Energien häufiger eine solche braune Verfärbung der Aura auf.

Chakra Bereich der Wirbelsäule	BRAUN Festhalten von Energie	GRAU Hemmung der Energieaufnahme	Behandlungs- farbe
Scheitel/Mentalbereich	zwanghaftes Denken	Gedankenlosigkeit	MAGENTA GELB
Hirnanhangdrüse/Mentalbereich	zwanghafte Vorstellungen	mangelnde Vorstellungskraft	TIEFBLAU ORANGE
Kehle/Mentalbereich	Geschwätzigkeit	Stille, Autismus, Perfektionismus	VIOLETT GELB
Thymusdrüse/Emotionalbereich	Gemeinheit	übermässige Grosszügigkeit, Unfähigkeit zu empfangen	ORANGE BLAU
Herz/Emotionalbereich	Verschlossenheit, Unansprechbarkeit	zu offen, fehlende Unterscheidungskraft	TÜRKIS ROT
Solarplexus/Emotionalbereich	Furcht	übermässiges Selbstbewusstsein	BLAU GRÜN
Sakrum/Stoffwechselbereich	schwacher Sexua trieb	starker Sexualtrieb	ROT BLAU
Basis/Physischer Bereich	Lethargie	Überaktivität	ROT GRÜN

Formveränderungen

Die häufigste Ursache für eine Formveränderung der Aura ist ein Schock. Dadurch kann sich die Aura im Kopfbereich und in der Gegend des Herzens verschieben, wodurch Kopf und Herz ungeschützt sind. Das Geist-Selbst wird von den Empfindungen des Körpers getrennt. Wenn bei einem starken Schock auch die Aura in der Herzgegend betroffen ist, besteht keine gefühlsmässige Verbindung zum Körper mehr. In diesem Zustand fühlt man sich wie kurz vor einer Ohnmacht oder an der Grenze zu einem Nervenzusammenbruch. Auch die Elektroschocktherapie kann die Aura vom Körper trennen.

Bei einem weniger heftigen Schock, zum Beispiel wenn man Zeuge eines Unfalls war, reguliert sich die Störung von selbst innerhalb etwa eines Tages. Während dieser Zeit fühlt man sich verletzlich, unsicher und unfähig, Verantwortung in irgendeiner Form zu übernehmen. Die Verbindung zwischen der Persönlichkeit und dem eigenen Denken ist unterbrochen.

Ein leichter Schock, wie zum Beispiel bei einer Schnittverletzung oder dem Stolpern über ein paar Stufen, verschiebt die Aura kurzzeitig im Bereich des Kopfes. Oft genügt schon ein tiefer Atemzug, um die schützende Aura zurechtzurücken. Die Visualisation der Farbe Blau und die Technik der Farbatmung (siehe Seite 54), Einatmen von Blau und Ausatmen von Orange, helfen ebenfalls. Zum Abschluss Grün visualisieren, um das Gefühl der Ausgeglichenheit wiederherzustellen.

Die ätherische Hülle hält die Lebenssysteme des Körpers aufrecht. Farbbehandlungen können die Chakraenergie mit ihren körperlichen Entsprechungen wieder verbinden und Seele und Geist wieder in Kontakt mit der physischen Ebene und den Lebenskräften bringen.

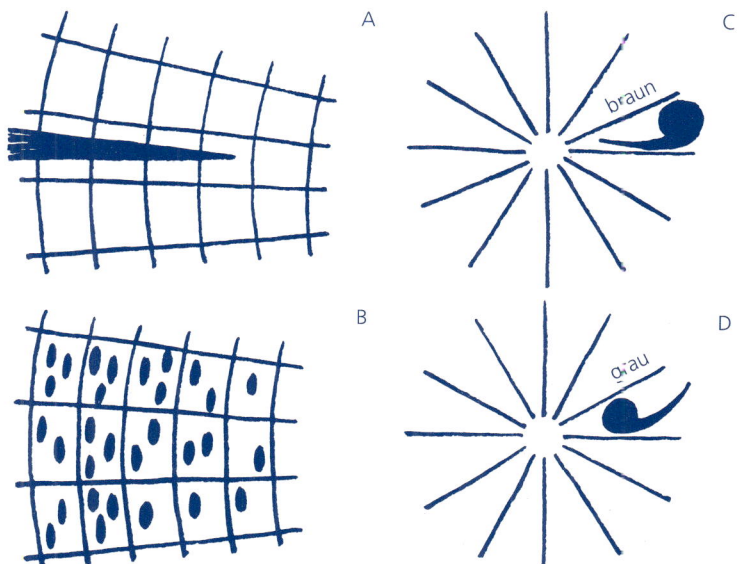

Farb- und Formveränderungen in der Aura

Der Konsum harter Drogen kann zu keilförmigen Rissen in der Aura führen, die keine Farbe besitzen und daher schwarz erscheinen (A). Dies ist Ausdruck eines gravierenden Verlusts an Körperenergie. Flecken oder Schatten in der Aura (B) sind in der Regel Anzeichen leichterer Vergiftungserscheinungen, wie durch Alkohol oder Nikotin. Werden diese abgesetzt, verschwinden die Flecken innerhalb von etwa vier Stunden. Bei einem stärkeren Konsum nehmen auch die Flecken zu. Eine braune Verfärbung der Aura (C) rührt von der Unfähigkeit her, Energien loszulassen. Eine Graufärbung (D) weist umgekehrt auf eine Verweigerung von Energien hin.

Auch negative Gefühle verändern, wenn auch in weit geringerem Ausmass als ein Schock, die Gestalt der Aura. Hass und Eifersucht bilden zackige Kanten an den Rändern der Auraschichten; dies schränkt die Schutzfunktion des Auraschildes ein.

Auch harte Drogen führen zu solch ausgefransten Rändern, die irreparabel werden, wenn der Konsum längere Zeit andauert. So wie ein Holzscheit austrocknet und splittert, kann auch die Aura «schwinden» und keilförmige Risse aufweisen, die als farblose Flächen mit der Zeit in das Zentrum hineinwachsen können. Die Folge ist eine völlige Erschöpfung. Die Risse beeinträchtigen die Chakraenergie und können die betroffenen Drüsen auslaugen. Die den Körper umgebenden Farben wirken nun wie umwölkt.

Farbveränderungen in der Wirbelsäule

Das Erspüren der Energien der Wirbelsäule (siehe Seite 70–71) gibt sehr klare Hinweise auf die Farbenergien des Körpers und den Gesundheitszustand. Wenn Sie den Wirbeln der Wirbelsäule entlangfahren, werden Ihre Finger Reaktionen verschiedener Stärke erspüren. Dies gibt Aufschluss darüber, welche Wirbel sich zum gegenwärtigen Zeitpunkt in ihrer Aktivitätsphase befinden. Zeichnen Sie die verschiedenen Stärkegrade (siehe links) in einem Wirbelsäulen-Diagnoseblatt auf.

Gewöhnlich sind von den 32 Rückenwirbeln etwa 16 Wirbel aktiv, manchmal bis zu 18, selten weniger als 11. Wenn die Untersuchung mehr als 18 aktive Wirbel ermittelt, ist anzunehmen, dass von einer ungenauen Definition davon, was als aktiv zu betrachten ist, ausgegangen wurde. Es kann jedoch durchaus vorkommen, dass bei Menschen, die sich überfordern, tatsächlich mehr als 18 Wirbel Energien aufweisen. Die Wirbelsäulendiagnose zeigt für jedes Individuum ein eigenständiges Muster. Da der Energiestrom sich im Laufe des Tages verändert, sollte auch der Zeitpunkt der Untersuchung festgehalten werden. Es ist sinnvoll, vor jeder Behandlung eine neue Wirbelsäulendiagnose zu erstellen, um so die Veränderungen über einen gewissen Zeitraum beobachten zu können.

**Art und Stärke
der Reaktionen**

Beim Erspüren der Energien der Wirbelsäule können Sie in unterschiedlicher Stärke Empfindungen von Hitze, Kälte, Kribbeln oder Abstossung feststellen. Kribbeln ist ein gutes Zeichen, es zeugt von Gesundheit, während Hitze, Kälte oder Abstossung ein Ungleichgewicht der Energien vermuten lassen. Ein erfahrener Therapeut berücksichtigt diese Erkenntnisse bei seiner Diagnose.

Zur Aufzeichnung der Reaktionsstärke verwenden Sie zum Beispiel folgenden Schlüssel:

sehr schwach	–	–
schwach	–	
schwach bis mittel	–	0
mittel	0	
mittel bis stark	0	+
stark	+	
sehr stark	+	+

Auswertung

Wenn die Wirbelsäulendiagnose abgeschlossen ist und Komplementärpaare zusammengeführt sind (siehe Seite 91), widmen wir uns der Bedeutung der Farben. Die Auswertung weist in der Regel einige Farbpaare und einige einzelne Farben ohne komplementäres Gegenstück auf. Besitzen alle aktiven Wirbel ein Gegenstück, lässt dies auf einen gesunden Energieaustausch auf allen Ebenen schlies-

Wirbelsäulendiagnose

Malen Sie die Felder der aktiven Wirbel in der entsprechenden Farbe (siehe Seite 71) aus. Verzeichnen Sie in den Feldern links jeweils die Stärke der Reaktion.

Um anschliessend die Komplementärbeziehungen einfach bestimmen zu können, ist es hilfreich, bei jedem aktiven Wirbel gleich die entsprechende Komplementärfarbe in die Felder auf der rechten Seite einzutragen. Suchen Sie dann, beim obersten aktiven, das heisst ausgemalten Wirbel beginnend, dieselbe Farbe soweit unten wie möglich in der rechten Spalte (Komplementärfarbe). Jeder aktive Wirbel soll mit seinem Gegenstück so weit unten wie möglich in der Wirbelsäule verbunden werden. In derselben Weise verfahren Sie mit allen weiteren aktiven Wirbeln und wählen dabei immer das am weitesten entfernte Farbkomplement, bis Sie so viele Paare wie möglich gebildet haben. Vermutlich werden nun einige aktive Wirbel ohne farbliches Gegenstück übrigbleiben. Diese zeigen Ihnen die Farben an, die sich zur Behandlung anbieten. Dabei ist die Farbe jenes Wirbeis zu wählen, der die stärkste Reaktion hervorrief.

Versehen Sie die Aufzeichnung der Wirbelsäulendiagnose mit Datum und Uhrzeit.

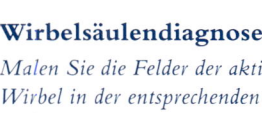

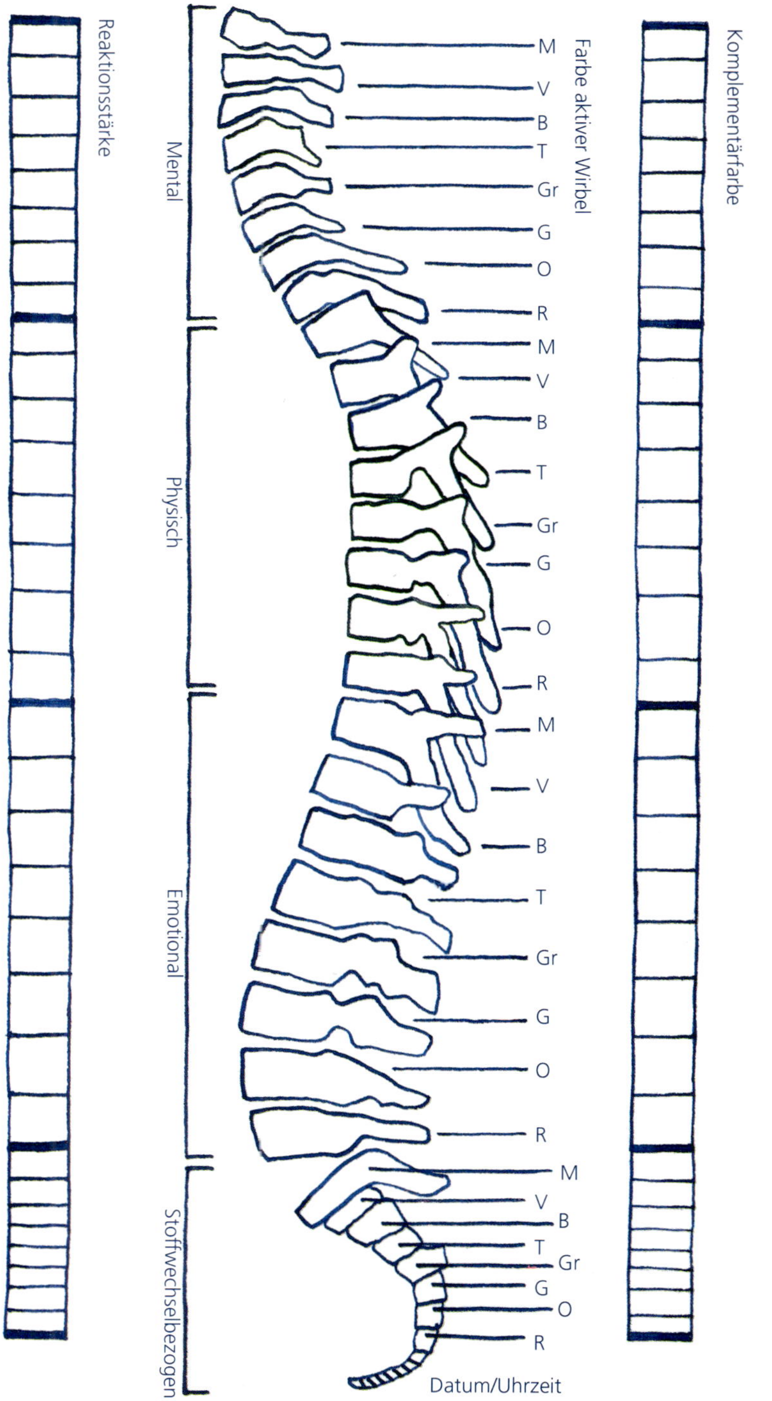

Reaktionsstärke

Komplementärfärbe

Farbe aktiver Wirbel

Mental

Physisch

Emotional

Stoffwechselbezogen

M
V
B
T
Gr
G
O
R
M
V
B
T
Gr
G
O
R
M
V
B
T
Gr
G
O
R
M
V
B
T
Gr
G
O
R

Datum/Uhrzeit

sen; sämtlichen Bereichen, dem mentalen, dem emotionalen, dem Stoffwechselbereich und dem physischen Bereich, wird gleichermassen Beachtung und Anerkennung geschenkt. Eine Verbindung zwischen mentalem und physischem Bereich erweist sich als besonders günstig, da sie sich auch auf die dazwischenliegende emotionale und die Stoffwechselebene auswirkt. Einige Farbpaare liegen vielleicht auch innerhalb desselben Segments der Wirbelsäule. Dies weist auf Kraft, Gesundheit und genügende Beachtung der entsprechenden Funktionen hin, bedeutet zugleich aber auch, dass der Energiefluss im gesamten System weniger ausgeprägt ist. In den Ausführungen zur Wirbelsäulendiagnose auf Seite 71 wurde gezeigt, welche Aufgaben jedem der Abschnitte der Wirbelsäule zugeordnet sind. Mit etwas Übung ist die Analyse der Beziehungen zwischen den einzelnen Abschnitten ein leichtes.

Farben ohne komplementäres Gegenstück bieten sich zur Farbbehandlung an; verwendet wird davon jene, die die höchste Aktivität aufwies.

Zur Auswertung können die Ergebnisse in schematisierter Form zusammengefasst werden (siehe unten). In diesem Schema können die Resultate mehrerer Untersuchungen eingetragen und so die Veränderungen über einen grösseren Zeitraum und das Ansprechen auf die jeweilige Behandlung überwacht werden. Auch erlaubt eine solche Synthese einer Reihe von Wirbelsäulendiagnosen Aussagen über die hervorstechenden Persönlichkeitsmerkmale.

Auswertung der Wirbelsäulendiagnose

Tragen Sie die paarweise als Farbe und Komplementärfarbe miteinander verbundenen aktiven Wirbel – mit dem obersten aktiven Wirbel und seiner farblichen Entsprechung beginnend – in das Beurteilungsschema (siehe rechts) ein. Notieren Sie mit einer Abkürzung oder einem Symbol auch die einzeln, ohne Farbkomplement gebliebenen Farben. Diese weisen auf einen Mangel im entsprechenden Bereich (mental, emotional usw.) und die Notwendigkeit der Behandlung hin. Sollte mehr als eine Farbe unverbunden geblieben sein, ist bei jener mit der stärksten Aktivität anzusetzen. Dies ist Ihre Behandlungsfarbe (vermerken Sie dies in Ihren Notizen, zum Beispiel durch ein Kreuz).

Denken Sie daran, immer Datum und Uhrzeit der Diagnosestellung zu notieren.

Auswertungsschema der Wirbelsäulendiagnose

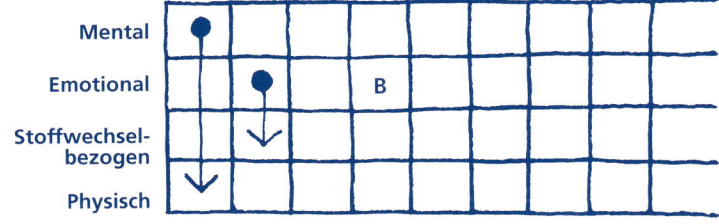

Datum/Uhrzeit

Farbpaare
Unverbundene Farben   B

Der Farbspiegel

Das Herausarbeiten der Persönlichkeitsmerkmale hilft, Verhaltensmuster zu verstehen. Dies wiederum kann Aufschluss darüber geben, in welcher Weise die Gesundheit davon betroffen ist und wie der Einsatz günstiger Farben zu Gesundheit und Wohlbefinden beitragen kann.

1985 entwickelten Dorothy und Howard Sun den Farbspiegel («Colour Reflection Reading»), eine Methode der Persönlichkeitsanalyse, die auf der Farbpsychologie beruht und sich unmittelbar in praktische Farbanwendungen umsetzen lässt. Sie wird hier in verkürzter Form wiedergegeben. Erstellung und Auswertung eines Farbspiegels werden durch einen Farbtherapeuten vorgenommen und benötigen etwa eine Stunde.

Acht einzeln auf weisse Karten gedruckte Farbflächen in bestimmten Formen (siehe auch Seite 47) werden in zwei Reihen ausgelegt. Die Testperson wählt drei Farben aus. Diese Farben spiegeln direkt die innersten Gedanken und Gefühle und können

Die Bedeutung von Farben ohne Komplementärfarbe

	Mental	Emotional	Stoffwechselbezogen	Physisch
Magenta	Sie können nicht loslassen oder halten an alten Gedanken fest.	Sie können alte Gefühle nicht loslassen.	Sie achten nicht auf Ihre wechselnden Bedürfnisse bezüglich Haushalt und Ernährung.	Sie sollten Ihren regelmässigen Tages- und Wochenablauf neu gestalten.
Violett	Sie haben weder Respekt noch Ehrfurcht vor Ihrer geistigen Arbeit.	Ihnen fehlt Würde; Sie schämen sich Ihrer Gefühle.	Sie behandeln Ihren Besitz und Ihr Heim nicht mit dem nötigen Respekt.	Sie würdigen Ihren Körper nicht.
Blau	Ihre geistigen Prozesse sind nicht entspannt; Ihnen fehlt Ruhe.	Sie können sich nicht entspannen und Ihre Gefühle geniessen.	Sie nehmen sich keine Zeit für Essen, Studium oder Musse.	Sie verrichten die Dinge nicht in Ruhe und mit genügend Musse.
Türkis	Sie sind beeinflussbar durch die Gedanken anderer.	Sie sind beeinflussbar durch die Gefühle anderer.	Sie haben eine Verdauungsschwäche oder neigen zu entzündlichen Vorgängen.	Sie lassen sich zu leicht von anderen beeinflussen.
Grün	Ihre Gedankenprozesse sind nicht im Gleichgewicht.	Probleme in persönlichen Beziehungen bringen Sie aus der Fassung.	Ihrem häuslichen Leben fehlt das Gleichgewicht, die Ernährung ist unausgewogen.	Sie verhalten sich planlos und ohne Ziel.
Gelb	Ihnen fehlt die Objektivität, weil Sie nicht genügend Abstand nehmen.	Sie können sich nicht gegenüber den Gefühlen anderer abgrenzen.	Achten Sie auf Ihren Kalziumstoffwechsel, Sie könnten zu Arthritis neigen.	Sie tun Dinge, auch wenn sie nicht mehr nötig sind.
Orange	Sie haben keine Freude an geistiger Tätigkeit.	Ihnen fehlen Freude und Glück.	Es könnten Anzeichen von Magersucht vorliegen.	Ihre Tätigkeiten bereiten Ihnen keine Freude.
Rot	Energie und Kraft fehlen Ihnen, Sie ermüden leicht.	Sie haben nicht die Kraft, Gefühle zu zeigen.	Es fehlt Ihnen an Energie, weil Ihre Verdauung schlecht ist.	Es fehlt Ihnen an Kraft und Energie für körperliche Anstrengungen.

Aufschluss über das körperliche, emotionale und geistige Befinden geben.

Die erste der gewählten Farben repräsentiert Ihr eigentliches Wesen, den Kern Ihrer Persönlichkeit. Die zweite steht in Beziehung zum momentanen Zustand auf körperlicher, emotionaler, geistiger und spiritueller Ebene. Sie bringt Ihre tiefsten, unbewussten Bedürfnisse und Ihre wichtigsten Ziele zum Ausdruck. Die dritte Farbe zeigt an, welches der nächste Schritt auf dem Weg zu einer neuen Ebene des Bewusstseins sein könnte.

Fallstudie

Harry ist 29 Jahre alt, etwa 1,78 Meter gross und von durchschnittlicher Statur. Er ist ein intelligenter, stiller Mann und arbeitet als Computerfachmann. Als er zur Beratung kam, trug er ein ausgewaschenes braunes Hemd und dazu marineblaue Hosen. Beim Farbspiegeltest fiel seine erste Wahl auf Blau, die zweite auf Grün und die dritte auf Orange.

Blau als erste Wahl spricht für einen ruhigen, sanften und friedfertigen Menschen, der zur Introspektion neigt und mit sich selbst beschäftigt ist. «Blaue» Persönlichkeiten schätzen Eigenschaften wie Wahrheit und Ehrlichkeit und begegnen dem Leben vorsichtig und ohne sich aufzudrängen. Sie haben ein waches Auge für schöne Dinge, sind aber nicht übermässig materialistisch. Harry bestätigte, dass diese Eigenschaften auf seine Persönlichkeit zuträfen.

Harry schien es an Selbstbewusstsein zu mangeln, er wirkte dumpf und wenig ausdrucksstark. Sein ausdrucksloses Gesicht und der monotone Klang seiner Stimme zeigten seinen Mangel an Lebendigkeit und eine tiefverwurzelte Traurigkeit. Harry bestätigte, dass er häufig zu depressiven Verstimmungen neige. Alle diese Merkmale sind für den «blauen» Persönlichkeitstyp durchaus üblich. Harry war weder am beruflichen Fortkommen noch an Gesel-

Vorgehen

Wählen Sie die Ihnen im Augenblick am besten entsprechenden drei Farben aus. Lassen Sie sich nicht vom Verstand, sondern von der Intuition leiten; wählen Sie spontan. Lassen Sie sich nicht von Ihren Lieblingsfarben oder von Assoziationen beeinflussen. Legen Sie die drei gewählten Farben in der Reihenfolge Ihrer Präferenz vor sich auf.

Die Bedeutung der Farbwahl

Erste Wahl	Zweite Wahl	Dritte Wahl
Sie sind ein Initiator, ein Pionier, schöpferisch, aktiv und körperbetont. Sie sollten Gefühle und Logik ins Gleichgewicht bringen.	Sie streben nach Dynamik, ohne Ihre Reserven zu erschöpfen. Sie sollten Ihre Dominanz verringern und lernen, Wärme und Freundschaft auszudrücken.	Sie wollen sich aktiv und dynamisch fühlen, sind aber erschöpft. Tanken Sie auf, und werden Sie ruhig.
Fröhlich und überschwenglich, manchmal infolge Überaktivität übermüdet. Hören Sie auf sich und vertrauen Sie Ihrem Instinkt.	Ihr wichtigstes Ziel ist, sich Zeit für sich selbst zu nehmen, um geistig und körperlich Ruhe zu finden.	Vielleicht ziehen Sie sich in Ihr Innerstes zurück. Sie sollten mutiger und selbstbewusster werden und mehr wagen als gewöhnlich.

	Erste Wahl	**Zweite Wahl**	**Dritte Wahl**
	Sie sind ständig auf der Suche nach Information. Sie sind wortgewandt und können sehr dominant sein. Sie haben vermutlich eine verantwortungsvolle berufliche Position.	Beachten Sie nicht nur Ihre geistigen, sondern auch Ihre körperlichen Fähigkeiten, so dass Sie Ihrer Energie auch im gegenwärtigen Moment Ausdruck geben können.	Sie sollten Ihre geistigen Dimensionen erweitern, vielleicht durch eine Ausbildung. Dies gibt Ihnen Optimismus. Ein Urlaub in der Sonne kann helfen.
	Sie sind eine ausgewogene Persönlichkeit, manchmal wegen Übervorsichtigkeit Mangel an Spontaneität. Ordentlich und effizient, mit einer Vorliebe für natürliche Materialien.	Ziel ist, Ihre Gefühle auszudrücken und mit emotionalen Verletzungen umgehen zu lernen. Unerfüllte Bedürfnisse können zum Handeln bewegen.	Durch intensiven Kontakt mit Menschen wird sich Ihre Stimmung und das Gefühl, geschätzt zu werden, heben. Ihre übergrosse Ernsthaftigkeit, Schuldgefühle und Trägheit werden verschwinden.
	Sie sind erfindungsreich und voller neuer Ideen. Sie sind beliebt, können sich gut darstellen und sind Herausforderungen gewachsen. Sie haben Verständnis und sind spirituell ausgerichtet.	Lernen Sie den Umgang mit den Forderungen anderer, und lassen Sie sich Zeit zum Überlegen. Es kann sein, dass Körper, Gefühle und Geist der Reinigung bedürfen, um «Vergiftungen» oder Krankheit vorzubeugen.	Veränderung bedeutet für Sie eine willkommene Herausforderung zur persönlichen Entwicklung, selbst wenn dies Furcht, Unruhe und Aufregung mit sich bringen kann.
	Sie sind von Natur aus sanftmütig und zuverlässig. Sie vermitteln den Menschen das Gefühl von Sicherheit. Sie schätzen Wahrheit und Ehrlichkeit. Manchmal sind Sie in Ihrer inneren Suche zu selbstbezogen und isolieren sich.	Stille und Wissen sind Ihre Stärken. Ihr Ziel ist, sich selbst unmittelbarer auszudrücken und so Trägheit und Melancholie abzuschütteln.	Streben Sie im täglichen Leben einen praktischeren, erdhafteren Zugriff an. Benützen Sie die Entspannung zur Erneuerung der Kräfte, nicht als Selbstzweck oder Flucht.
	Als Mischung aus Rot und Blau setzen Sie Ihre Spiritualität in einer geerdeten, erdhaften Weise ein. Als Ästhet und künstlerisch Begabter mit einem Sinn für das Zeremoniell sind Sie sich nicht immer sicher, Ihren Ansprüchen gerecht zu werden.	Obwohl Sie vermutlich eine Autoritätsperson sind, brauchen Sie Anerkennung, damit Ihnen die Verantwortung nicht zur Last wird. Halten Sie durch.	Violett regt dazu an, die Kreativität zu nützen und sie mit anderen zu teilen. Nutzen Sie Ihre inneren Fähigkeiten des Glaubens, der Intuition und der Weisheit.
	Sie sind freundlich, kooperativ und höflich. Oft sehr reif, mit einer tiefen Lebensweisheit. Häufig in einem sozialen Beruf tätig.	Da Sie dazu neigen, die eigenen Bedürfnisse zu vernachlässigen, ist Ihr Ziel, geben und empfangen ins Gleichgewicht zu bringen. Lernen Sie auch etwas anzunehmen. Denken Sie an sich selbst, und achten Sie auf Ihre eigenen Bedürfnisse.	In Ihrem Streben, die grundlegende Lebenskraft (Rot) mit den himmlischen Mächten (Violett) zu vereinen, tendieren Sie leicht zur Selbstüberschätzung. Lassen Sie los, und gestatten Sie dem sanften Teil Ihres Wesens, sich zu entfalten.

ligkeit mit Freunden interessiert. Die meisten Abende verbrachte er allein zu Hause. Das Ziel bei einer solchen Persönlichkeitsstruktur ist, sich dem Leben in positiver Weise neu zu stellen, statt in Melancholie zu verfallen.

Der Wunsch, sich in offenen, weiten Räumen zu bewegen, wurde in *Grün als zweiter Wahl* deutlich. Harry liebte die freie, wilde Natur und sagte, dass er auf dem Gipfel eines Berges oder Hügels eine tiefe innere Freiheit erlebe – Erfahrungen, die ihm eine ungeheure Befriedigung und innere Erfüllung verschafften. Er wünsche sich sehr, mehr Zeit draussen verbringen zu können. Auf meine Rückfrage bestätigte er, dass er sich manchmal wie eingesperrt fühle. Er wollte seine Tätigkeit als Computerfachmann aufgeben, da «den ganzen Tag in einem stickigen Büro hocken müssen» nicht seiner Idealvorstellung vom Rest seines Lebens entspreche. Harry wollte seine verborgene Kreativität hervorbringen und in seinem Leben mehr Sinn und innere Befriedigung erfahren.

Orange als dritte Wahl zeigt an, dass Harry mehr riskieren und über seine gewohnten Verhaltensweisen hinauswachsen sollte, um durch sorgfältige Planung und sinnvolle Schritte der Erfüllung seiner innersten Wünsche und Bedürfnisse näherzukommen. Orange ist die Komplementärfarbe zu Blau, seine Ziele sind in Übereinstimmung mit seinem innersten Wesen. Dies wird ihm die Kraft verleihen, sein inneres Potential freizusetzen, Freude und Glück zu erlangen und den inneren Funken, den Lebenshunger, wieder neu anzufachen.

Wir empfahlen Harry die Farbe Orange als die Farbe, die seinen langfristigen Bedürfnissen am besten entspricht, und Grün für jene Momente, wo er sich gefangen oder eingesperrt fühlt.

Farbtherapeutische Anwendung

Bevor Harry die Energie der Farbe Orange erfahren und produktiv nützen konnte, musste er zunächst noch eine Weile mit der Farbenergie von Grün arbeiten. In einigen weiteren farbtherapeutischen Sitzungen lernte er, sich seiner persönlichen Situation und seines Zieles im Leben noch klarer bewusst zu werden. Die Farbtests im Verlauf der Behandlung spiegelten seine Entwicklung.

Zunächst bedurften seine innersten Wünsche und Ziele, ausgedrückt durch die Farbe Grün, intensiver Auseinandersetzung. Die Farbtherapie half ihm, den Übergang von Grün zu Orange zu beschleunigen und die Grundlagen für die Realisierung seines neuen Lebensziels zu schaffen. Dazu waren acht Sitzungen im Verlauf von insgesamt vier Monaten nötig. Heute betrachtet Harry seine Arbeitssituation nicht mehr als tot und trostlos, sondern als stützendes Fundament für seinen bevorstehenden Wandel. Seine

Zielausrichtung ist stärker denn je, und seither unternimmt er fast jedes zweite Wochenende Wanderungen in der Natur. Harry ist insgesamt ein fröhlicherer Mensch geworden; er hat erkannt, dass er in der Lage ist, sich seine eigene Realität zu schaffen.

Der Lüschertest

Der Lüscher-Farbtest, vom Psychologen Max Lüscher entwickelt und seit 1947 von Psychologen und Ärzten eingesetzt, beruht darauf, dem Klienten oder Patienten eine Reihe von farbigen Karten (bei der kürzeren Testversion acht Stück) vorzulegen, die er nach seinen eigenen Vorlieben ordnen soll. Die gewählte Reihenfolge erlaubt Rückschlüsse auf Bewusstes und Unbewusstes, auf Stressbereiche, Ungleichgewichte im Drüsensystem und andere physiologische Zusammenhänge. Ein erfahrener Therapeut kann mit Hilfe des Tests Krankheiten diagnostizieren und in manchen Fällen Vorhersagen über den wahrscheinlichen Verlauf einer Erkrankung machen.

Die Grundfarben des Lüschertests, Blau, Gelb, Rot und Grün, repräsentieren die vier «psychologischen Grundtypen». Die Interpretation der Farbwahl beruht auf den durch die Farbe ausgelösten spontanen physiologischen Reaktionsmustern, die wiederum tiefverwurzelten inneren Bedürfnissen entsprechen. Blau bewirkt Ruhe, während Gelb, als dem Licht ähnlichste Farbe, Aktivität anregt. Die Helligkeit der Farbe Gelb bewirkt einen chemischen Abbau im Hintergrund des Auges (Katabolismus), während die Dunkelheit der Farbe Blau deren Aufbau (Anabolismus) auslöst. Dasselbe gilt für Rot und Grün: Rot löst auf, Grün baut auf.

Die Wahl einer bestimmten Farbe hängt davon ab, inwieweit der Körper anaboler oder kataboler Prozesse bedarf. Wenn jemand zum Beispiel psychisch oder physisch Ruhe, Erholung und Entspannung braucht, wird er instinktiv nach dunkleren Farben greifen. Wenn jemand sich nach geistiger oder körperlicher Betätigung sehnt, wird er unwillkürlich hellere Farben aussuchen. So geben die Farben ein sehr genaues Bild der Persönlichkeit und deren Bedürfnisse wieder.

Erfahrene Farbtherapeuten haben manchmal ihre Mühe mit dem Lüschertest, denn die Farbtherapie berücksichtigt im Gegensatz zum Lüschertest immer auch die Form und Gestalt der angewendeten Farben (siehe Seite 46/47). Daher können andere farbdiagnostische Verfahren und der Lüschertest unter Umständen zu völlig unterschiedlichen Resultaten kommen. Experimentelle Untersuchungen haben dies bestätigt. Während der Lüschertest zur Untersuchung der Persönlichkeitsmerkmale geeignet ist, sind seine Anwendungsmöglichkeiten zu Heilzwecken begrenzt.

Farben und ihre Bedeutung

Die Bedeutung der im Lüschertest verwendeten acht Farben hängt davon ab, welche Stelle Sie in der individuellen Beliebtheitsskala einnehmen. Dabei hat die Farbe, die an die erste Stelle gesetzt wird, dieselbe Bedeutung wie in der Farbtherapie:

Grau *«Borderline», neutral, Mangel an Bindungsbereitschaft*

Blau *Friede, Stille, Ruhe*

Grün *Beharrlichkeit, Beständigkeit, Widerstand gegenüber Veränderungen*

Rot *Aktion, Effektivität, Macht des Willens*

Gelb *spontane Freude am Handeln, uneingeschränkte Ausdehnung, Entspannung, Befreiung von Last*

Violett *Verbindung von Rot und Blau, Wunscherfüllung, intuitives Verständnis, manchmal mangelnde Verantwortung, emotionale Unreife*

Braun *enthält Rot, jedoch ohne dessen Vitalität, starke Empfindsamkeit für körperliche Eindrücke*

Schwarz *Auslöschung, Verleugnung*

Kapitel 6

Mit Farben heilen

In diesem Kapitel werden die Werkzeuge und Hilfsmittel des Farbtherapeuten vorgestellt; es zeigt, wie der Therapeut den Heilprozess in Gang bringt und welche Methoden er anwendet. Es werden dabei zwei grundsätzliche Verfahren unterschieden: die Arbeit mit Pigmentfarben und die Arbeit mit farbigem Licht.

Zur ersten Kategorie zählt die auf Seite 102–103 beschriebene Übung zur Förderung des Farbbewusstseins, die die Erinnerung und das kreative Denken anregt. Sie steigert die Funktionstüchtigkeit des Nervensystems und das Sehvermögen und kann auch den Heilungsprozess bei Lähmungserscheinungen infolge eines Schlaganfalls begünstigen. Farbige Seidentücher und Kleider und besonders farbintensive Nahrungsmittel sind einfache Mittel, um die Arbeit des Farbtherapeuten selbst im täglichen Leben zu unterstützen.

Der Einsatz von farbigem Licht – der wichtigste Schritt in der Entwicklung der Farbtherapie – stellt die subtilste und deshalb wirkungsvollste Form der Farbanwendung dar (Seite 108–113). Es gibt jedoch auch andere Wege, sich die Kräfte der Farben dienstbar zu machen. Farbatmen und Visualisationstechniken wurden bereits in Kapitel 3 beschrieben. Weitere Möglichkeiten von Lichtbehandlungen reichen vom Farbbad in durch das Wasser gebrochenem farbigem Licht (Seite 114) über die Augenheillampe (Seite 116) bis hin zur Verwendung von gefärbten Ölen (Seite 117) und farbigen Kristallen (Seite 117–118). Die meisten Behandlungen können gut selbst zu Hause durchgeführt werden; für die Farblichtbehandlung braucht es jedoch einen darauf spezialisierten Therapeuten.

Der Empfang des Patienten

Bei der ersten Begegnung mit einem Patienten reagiert man zunächst emotional, gefühlsmässig. Oft ist man sich dieser Begegnungsebene nicht bewusst, meist schaltet sich sogleich der Verstand ein, schätzt die Person und die Situation ein, bewertet. Eine solche Beurteilung setzt sich häufig über die ursprüngliche, intuitive Reaktion hinweg. Die Einschätzung durch den Verstand, die immer der emotionalen Reaktion folgt, kann den ersten Gefühlseindruck bestätigen oder widerlegen. Der eigenen, spontanen, gefühlsmässigen Reaktion zu trauen, stellt für den Therapeuten einen wichtigen ersten Schritt in der Behandlung eines Patienten dar. Dadurch ist er offen für die ganze Bandbreite von Botschaften, die ein Mensch aussendet. Wichtig ist auch, sich immer dessen bewusst zu sein, dass man einem anderen, eigenständigen Wesen gegenübertritt. Dahinter steht die grundlegende Überzeugung, dass der Patient ein spirituelles Sein verkörpert, das sich in einer physischen Person manifestiert. Durch die Anerkennung des Patienten auf der spirituellen Ebene, und dies muss in erster Linie mit dem Herzen geschehen, nimmt der Therapeut den Patienten völlig an. Dies ist der erste Schritt zu einer erfolgreichen Behandlung.

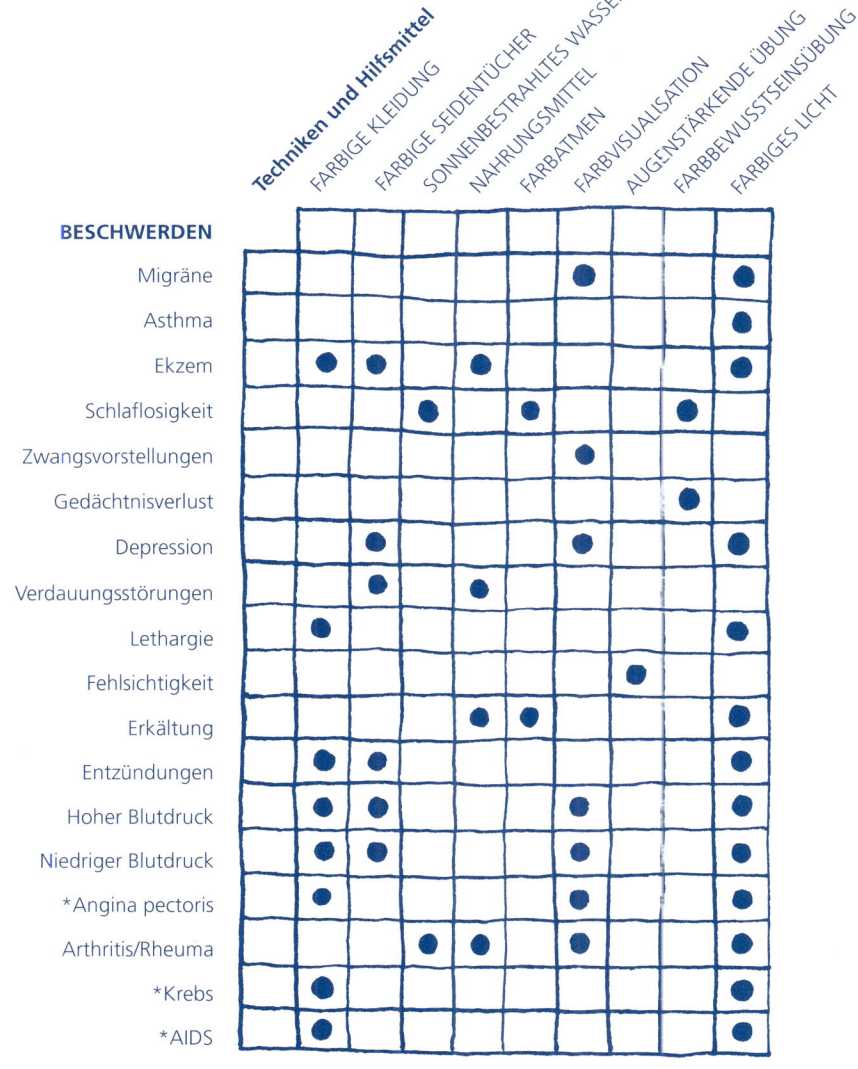

Techniken und Hilfsmittel **BESCHWERDEN**	FARBIGE KLEIDUNG	FARBIGE SEIDENTÜCHER	SONNENBESTRAHLTES WASSER	NAHRUNGSMITTEL	FARBATMEN	FARBVISUALISATION	AUGENSTÄRKENDE ÜBUNG	FARBBEWUSSTSEINSÜBUNG	FARBIGES LICHT
Migräne						●			●
Asthma									●
Ekzem	●	●		●					●
Schlaflosigkeit			●		●			●	
Zwangsvorstellungen						●			
Gedächtnisverlust							●		
Depression		●				●			●
Verdauungsstörungen		●		●					
Lethargie	●								●
Fehlsichtigkeit							●		
Erkältung			●		●				●
Entzündungen	●	●							●
Hoher Blutdruck	●	●				●			●
Niedriger Blutdruck	●	●						●	
*Angina pectoris	●					●			
Arthritis/Rheuma			●	●		●			●
*Krebs	●								●
*AIDS	●								●

*nur unter ärztlicher Aufsicht

Heilung und Spiritualität

Die Farbtherapie beruht auf der Befreiung der Energieströme im Körper. Grundlage jedes Heilungsprozesses ist die Verbindung des Menschen mit einem höheren Bewusstsein. Dieses Bewusstsein kann als universelle Kraft, Gott oder die «Einheit allen Seins», die Verbindung mit ihr als «Spiritualität» bezeichnet werden. Der Heilungsprozess bedarf des reibungslosen Zusammenspiels der physischen, emotionalen und mentalen Ebene, damit sich die Energie des Körpers frei mit der des Universums austauschen kann.

Der Therapeut, in der Rolle eines Beraters, spricht mit dem Patienten und destilliert daraus ein Bild jener Behandlungsformen, die in diesem Fall angemessen erscheinen. Die Behandlung kann sich über mehrere Monate erstrecken oder bereits während einer Sitzung zum Abschluss kommen. Dem Behandelnden steht eine Vielzahl von Methoden zur Verfügung, die er je nach Bedarf beliebig kombinieren kann; er kann den Patienten auch dazu anhalten, zu Hause Farbübungen zu machen, um eine kontinuierliche Wirkung zu erreichen.

Farbbewusstseinsübung

In dieser Übung wird Farbe in Kombination mit Form eingesetzt. Die Übung spricht sowohl die kreative rechte als auch die logische linke Seite des Gehirns an (siehe Seite 46) und verbessert die Verbindung zwischen den beiden Hirnhälften. Die Farben und Formen treten jeweils zusammen mit ihrem komplementären Gegenstück auf. Die erste Form stellt die Hohlform, den «Behälter» dar, die zweite seinen «Inhalt». Durch die Polarisierung der Energien ist die Reaktion besonders stark. Die Kombination von Farbe und Form setzt Prozesse auf mentaler, emotionaler und physischer Ebene in Gang.

Durch diese Übung wird Erinnerung und Kreativität, Erfindungsreichtum und Geschicklichkeit gefördert. Als Heilanwendung kann sie Schlaflosigkeit lindern und ganz allgemein das Nervensystem und das Sehvermögen unterstützen. Sie hilft auch bei Lähmungserscheinungen nach einem Schlaganfall.

Übung

Übertragen Sie zunächst die Formen von Seite 103 und 107 mit farbiger Tusche oder Filzstiften auf ein quadratisches Blatt Papier von etwa 10 cm Seitenlänge. Befestigen Sie den ersten Satz von drei Karten in einer Entfernung von 1,20–1,50 Meter an einer Wand. Richten Sie Ihren Blick etwa 15–20 Sekunden lang auf die erste Form (Behälter), bedecken Sie sie anschliessend mit einem leeren weissen oder grauen Papierbogen, und lassen Sie den Blick 15–30 Sekunden entspannt darauf ruhen. Dann sehen Sie für 15–30 Sekunden in das Zentrum der zweiten Form (Inhalt), bedecken auch diese wie zuvor und betrachten das leere Blatt. Schliesslich schauen Sie auf das dritte Bild, die Kombination der beiden, und schliessen erneut nach 15–30 Sekunden wie zuvor mit dem neutralen Bogen ab.

Machen Sie die Übung zwei bis drei Wochen lang täglich morgens und abends mit allen acht Sätzen (Seite 103 und 107). Verwenden Sie zur Abwechslung auch nur zwei Sätze aufs Mal, wählen Sie komplementäre Sätze, wie zum Beispiel Satz 1 (Rot), gefolgt von Satz 5 (Türkis). Wählen Sie die Reihenfolge der Farben intuitiv. Natürliches Tageslicht oder eine Voll-Spektrum-Beleuchtung schaffen die besten Voraussetzungen für diese Übung.

Behälter	**Inhalt**	**Kombination**

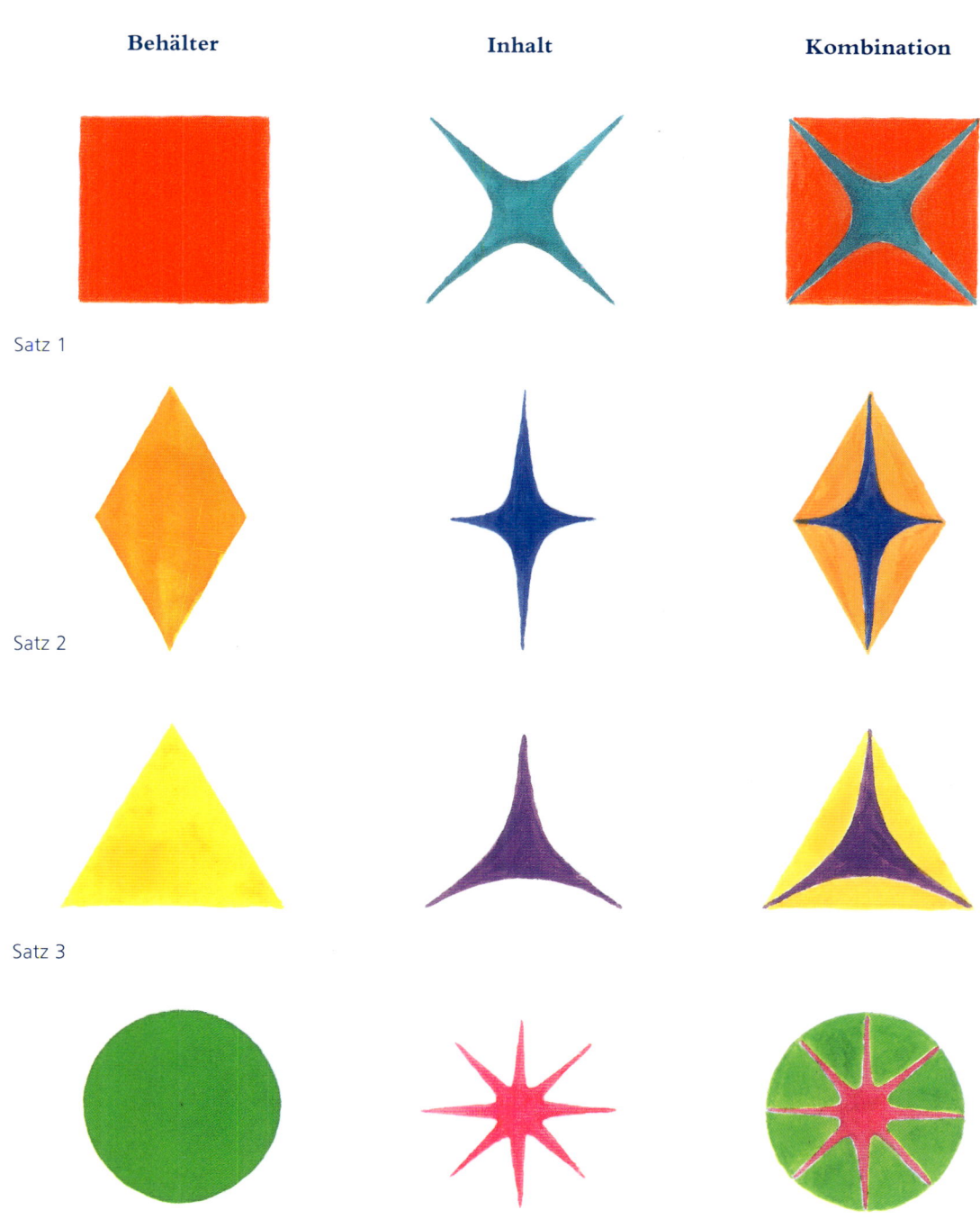

Satz 1

Satz 2

Satz 3

Satz 4

Die platonischen Körper

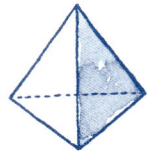

Tetraeder

(4 × 3)

*Assoziiert mit Feuer, Mann, Sehen
Anerkennung, Bewusstsein
und der Farbe Rot.*

Ikosaeder

(20 × 3)

*Assoziiert mit Wasser, Reptilien,
Geschmack und der Farbe Blau.*

Oktaeder

(8 × 3)

*Assoziiert mit Luft, Vogel,
Klang (Hören), Heilkraft
der Pyramide und der Farbe Gelb.*

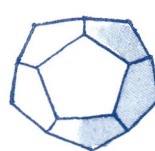

Hexaeder

(6 × 4)

*Assoziiert mit Erde, Säugetieren,
Geruch und der Farbe Grün.*

Dodekaeder

(12 × 5)

*Assoziiert mit Äther, Geist,
Berührung und der Farbe Violett.*

Farbe, Form und Geometrie

Die Geometrie des Altertums beginnt mit der Eins, der grundlegenden Einheit, die die Ganzheit des Universums repräsentiert. Die alten Griechen des 7. bis 2. vorchristlichen Jahrhunderts benutzten geometrische Formen, um dem Raum, den Beziehungen und den Gesetzmässigkeiten, die in der Schöpfung wirken, Ausdruck zu geben. Auch in der zeitgenössischen westlichen Wissenschaft wird die Bedeutung von Mustern und proportionalen Beziehungen inzwischen anerkannt und darauf hingewiesen, dass diese einen viel grösseren Einfluss auf unsere Wahrnehmungen haben als die einzelnen Teile an sich.

Plato stellte sich die Welt aus Grundelementen zusammengesetzt vor, wobei jeder Baustein eine bestimmte geometrische Form habe. Es handelt sich dabei um die fünf sogenannten platonischen Körper. Bei allen diesen Körpern sind die Kantenlängen und alle inneren Winkel jeweils gleich. Nach denselben Grundformen sind auch alle Zellstrukturen im Körper des Menschen und der Tiere, in Pflanzen und im Mineralreich aufgebaut.

Die in der Farbtherapie verwendeten farbigen Formen beruhen zum einen auf den platonischen Körpern, zum anderen auf den traditionellen Farbzuordnungen der vier Elemente: Dem Feuer ist die Farbe Rot zugeordnet, dem Wasser Blau usw. Die Formen, die aus Dreiecken aufgebaut sind, repräsentieren traditionell männliche Energie, der Hexaeder, der auf der Quadratform beruht, weibliche Energie. Der Dodekaeder, der auf dem Fünfeck basiert, entspricht der Zahl des Lebens (drei männliche und zwei weibliche Anteile).

Arbeit mit Pigmentfarben

Bedruckte oder gefärbte Gegenstände eignen sich dank ihrer vielseitigen Einsatzmöglichkeiten gut zur unterstützenden Farbbehandlung. Einige Leiden sprechen besonders gut auf Behandlungen mit Pigmentfarben an (siehe Seite 100, 102). Die allgemeine Wirkung der Farbe in unserer alltäglichen Umgebung wurde bereits im ersten Kapitel beschrieben. Hier werden die Farben in ihrer therapeutischen Anwendung in Form von Kleidung, Seidentüchern, Nahrungsmitteln und einer augenstärkenden Tafel vorgestellt.

Bei der Auswahl von Farben ist natürlich auch der richtige Farbton zu berücksichtigen. Er sollte möglichst der reinen Spektralfarbe entsprechen und weder zu hell noch zu dunkel sein.

Farbige Kleider

Die Wirkung farbiger Kleidung entspricht den bereits beschriebenen Grundregeln. Zum Beispiel bewirkt das Tragen von Blau eine Senkung zu hohen Blutdrucks; rote Kleidung vermittelt mehr Energie und steigert niedrigen Blutdruck. Erfahrungen haben gezeigt, dass rote Kleidung bei Unfruchtbarkeit helfen kann, die auf zu geringer Körpertemperatur, verbunden mit niedrigem Blutdruck, beruht. Orange Kleider helfen Depressionen zu überwinden, Türkis steigert die Abwehrkraft und lindert Entzündungszustände.

In jedem Fall ist es ratsam, Kleider aus natürlichen Fasern zu tragen, die den Körper atmen lassen. Damit ist nicht nur der Luftaustausch gemeint, sondern auch der Austausch feinstofflicher Farbenenergien in und um den Körper herum.

Farbige Seidentücher

Seide ist das feinste Material zur Übertragung von Farbenergien. Leisten Sie sich den Luxus, sich unbekleidet in ein grosses Seidentuch in der Ihren Bedürfnissen entsprechenden Farbe zu hüllen. Nehmen Sie sich Zeit, und lassen Sie sich idealerweise von vollem Tageslicht 20 Minuten lang durch das Seidentuch hindurch bescheinen. Entspannen Sie sich dabei, und hören Sie dazu Ihre Lieblingsmusik. Am besten sollten Sie diese Übung dreimal wöchentlich durchführen.

Lebensmittel

Die verschiedenen Farben der Lebensmittel sprechen das Auge an. Am besten folgt man der eigenen Intuition und wählt diejenigen Nahrungsmittel, deren Farben einen gerade ansprechen. Wer sich nicht durch Werbung oder andere äussere Einflüsse verführen lässt, wird zu sich nehmen, wonach sein Körper verlangt.

Der Wert von Pigmenten in der Behandlung

Ausgehend vom Ansatz, dass feste Objekte aus stark verlangsamter Lichtenergie bestehen (siehe Seite 37), lässt sich folgern, dass auch die Farbpigmente in festen Gegenständen eine Form von Lichtenergie sind, die sich zu Materie verdichtet hat. Die Pigmente tragen sozusagen eine Erinnerung in sich an die Lichtkraft, aus der sie stammen. Pflanzen bewahren diese Erinnerung; daher sollen auch Pflanzenfarben mehr Heilkräfte in sich bergen als künstliche Farben. Pigmente können nicht in gleicher Weise in den Körper eindringen wie Licht, deshalb sind ihre Heileigenschaften von geringerer Bedeutung als die des Lichts.

Pigmente und Licht

In der praktischen Anwendung lässt sich nicht exakt unterscheiden, welcher Anteil der Heilwirkung auf die Pigmente und welcher auf das Licht zurückgeht. Die Farbpigmente in Kleidern und Seidentüchern beispielsweise sind deshalb wirksam, weil das Licht durch die gefärbten Stoffe in den Körper eindringt.

Auch die Augenübung (Seite 106) beruht auf einer Mischung von Pigment- und Lichtwirkung. Das Auge fixiert die Pigmentfarbe und verwandelt sie im Nachbild in Licht.

Stärkung der Augen

Augenprobleme sind ein Ausdruck davon, dass der Prozess des Sehens angegriffen oder gestört ist. Eine Arbeit, bei der die Augen gezwungen sind, Gegenstände im selben Abstand und über längere Zeit hinweg zu fixieren, schwächt die Sehkraft. Die augenkräftigende Übung (unten) wirkt wohltuend bei müden Augen und hilft bei täglicher Anwendung, ein gesundes Sehvermögen zu erhalten. Für schwerwiegendere Augenprobleme empfiehlt sich der Einsatz der auf Seite 116 beschriebenen Heillampe.

Gesundes Gewebe befindet sich in ständiger Umwandlung, bei der neues Material aufgenommen und verbrauchte Zellen und Schlacken abgestossen werden. Die Übung zur Kräftigung der Augen bewegt die Energien und Zellstrukturen in sanfter Weise und regt zu höherer Aktivität an. Das Blau weitet die Blutgefässe und entspannt den Organismus, während das Rot den Aktivitätsgrad steigert. Dieses Gegenspiel von Ausdehnung und Zusammenziehung stimuliert das gesamte Auge.

Heilen mit Licht

Das Licht und seine Farben entstammen der ursprünglichen Energie der Schöpfung. Die Kräfte des Lichts können alle lebenden Substanzen durchdringen. Sie beeinflussen Pflanzen, Tiere und den Menschen (siehe auch Seite 20).

Es gibt viele Arten, dem Körper Licht zuzuführen. Die Farbatmung und die Farbvisualisation aus Kapitel 3 können sich als sehr machtvolle Behandlungsformen erweisen. Die zur Farbheilung eingesetzten Lampen haben jedoch noch einen viel direkteren Einfluss. Ihre Farbenergien dringen in den Körper ein und durchströmen ihn, ohne dass dies von besonderen Fähigkeiten, zum Beispiel, visualisieren zu können, abhängt.

Augenübung

Richten Sie zunächst ihren Blick 15–20 Sekunden lang auf das blaue Achteck. Danach schauen Sie genauso lange auf ein leeres Blatt weissen oder grauen Papiers. Es wird darauf ein Nachbild erscheinen und erst nach einer Weile verblassen. Nun betrachten Sie das rote Achteck und blicken danach wiederum auf das leere Blatt. Wiederholen Sie das Ganze etwa sechsmal täglich. Am besten übertragen Sie die beiden Farbflächen auf ein festes Papier, und befestigen Sie dieses gut sichtbar auf Augenhöhe an einer Wand, damit Sie mehrmals täglich an Ihre Übung erinnert werden.

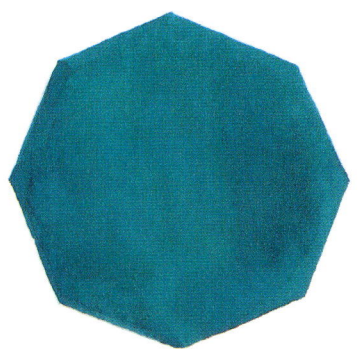

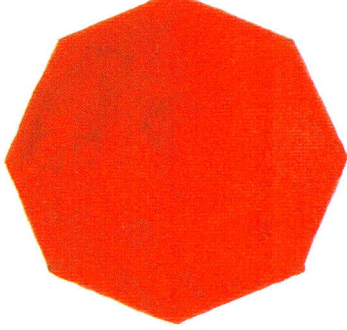

Behälter	Inhalt	Kombination

Satz 5

Satz 6

Satz 7

Satz 8

Im folgenden werden Techniken beschrieben, bei denen die heilenden Qualitäten farbigen Lichts zum Einsatz kommen. Neben dem Gebrauch farbiger Lampen (Seite 108–113), dem wirkungsvollsten Mittel der Farbtherapie, werden weitere Verfahren vorgestellt, die auch gut in der Selbsttherapie benützt werden können; dazu gehören die Augenheillampe (Seite 116), das Farb-Sprudelbad (Seite 114), das Bestrahlen von Wasser mit Sonnenlicht (Seite 116) und die Verwendung von Ölen und Kristallen (Seite 117–118).

Farbtherapeutische Geräte

Es gibt verschiedenartige Instrumente, die farbiges Licht auf den Patienten projizieren können. Das erste Gerät, das Farben und Formen kombinieren konnte, wurde im Jahre 1969 in den Hygeia-Studios im Gloucestershire in England entwickelt.

Das Farbtherapiegerät besteht aus einer Voll-Spektrum-Lampe, die in einem Kasten untergebracht ist. An einer Seite ist der Kasten so gebaut, dass eine Scheibe aus Milchglas, gefärbte Glasfilter und schliesslich ein Schirm (eine «Maske»), mit dem die Form des Lichtschlitzes verändert wird, vorgeschoben werden können. Die Formen, die dazu dienen, die Wirkung der Behandlung zu verstärken, entsprechen jenen, die bereits in der Farbbewusstseinsübung vorgestellt wurden (siehe Seite 102–103/107 sowie 47).

Die hohe Qualität des farbigen Glasfilters garantiert, dass das volle Spektrum der gewünschten Farbe auf den Patienten projiziert wird. Die Filter, deren chemische Zusammensetzung der natürlichen Oxidstruktur von Edelsteinen ähnelt, werden von Hand gefertigt. Gold, Silber, Kupfer, Magnesium und Kobalt werden zusammen mit flüssigem Quarz verschmolzen, in Formen gegossen und in Scheiben geschnitten.

Die Lichtbehandlung

Nachdem die Behandlungsfarbe anhand von Wirbelsäulendiagnose, Auraanalyse oder einer der anderen in Kapitel 5 beschriebenen Diagnosetechniken bestimmt wurde, wird der Therapeut sich vielleicht für eine Behandlung in Form von Bestrahlungen mit farbigem Licht entscheiden.

Die Behandlungsfarbe wird immer zusammen mit ihrer Komplementärfarbe eingesetzt; Orange mit Blau, Magenta mit Grün, Violett mit Gelb und Rot mit Türkis. Der Patient sitzt oder liegt in einem reinweissen Gewand (um die Farbwirkung nicht durch andersfarbige Kleidung zu beeinträchtigen) bequem etwa zwei Meter vom Farbtherapiegerät entfernt. Die beiden Farbfilter werden am

Gerät angebracht, die Behandlungsfarbe oben, die Komplementär-farbe unten. Zusätzlich zur Verbindung von Farbe und Form erfolgt die Behandlung in rhythmischer Weise. Die Bestrahlungen werden in genau abgestimmtem Zeittakt vorgenommen, der auf der Fibo-naccireihe beruht (siehe Seite 37). Die einleitende Bestrahlung dauert eine ¾ Minute mit der Hauptfarbe, dann schaltet das Instru-ment für 3¾ Minuten auf die Komplementärfarbe um. Wenn die Einstrahlung der Hauptfarbe auf 5¼ Minuten ausgedehnt wird, verringert sich die der Entsprechungsfarbe auf eine ¾ Minute (sie-he unten). Die gesamte Bestrahlungszeit umfasst 19¾ Minuten, von denen 12½ Minuten auf die Behandlungsfarbe fallen und 7¼ Mi-nuten auf die Komplementärfarbe, was den Proportionen des Gol-denen Schnitts entspricht. Ein Beispiel für die Farbbestrahlungszeit wird unten in Einheiten von ¼ Minuten angegeben.

Das Bedürfnis nach der Komplementärfarbe

Erfahrungen haben gezeigt, dass Behandlungen mit nur einer Farbe keine tiefgreifenden Heilungs-erfolge erbringen. Sie mögen zwar die Symptome lindern, jedoch fällt der Patient in den Zustand vor der Behandlung zurück, sobald er wieder dem normalen Tageslicht ausgesetzt ist. Untersuchungen von Behandlungsverläufen bei Fällen von hohem Blutdruck haben dies eindeutig bewiesen.

Jede Energie besitzt ein komple-mentäres Gegenstück. Daher ist es naheliegend, in einer ganzheitli-chen Therapie auch die Komple-mentärfarbe einzusetzen.

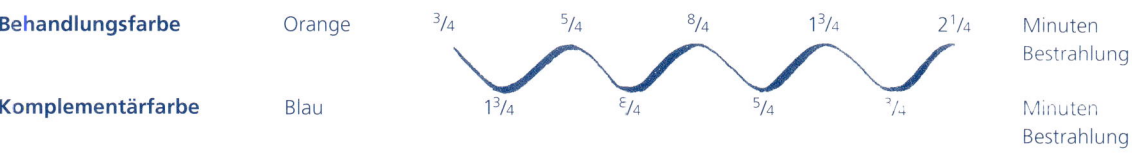

Behandlungsfarbe	Orange	³/₄	⁵/₄	⁸/₄	1³/₄	2¹/₄	Minuten Bestrahlung
Komplementärfarbe	Blau		1³/₄	⁸/₄	⁵/₄	⁷/₄	Minuten Bestrahlung

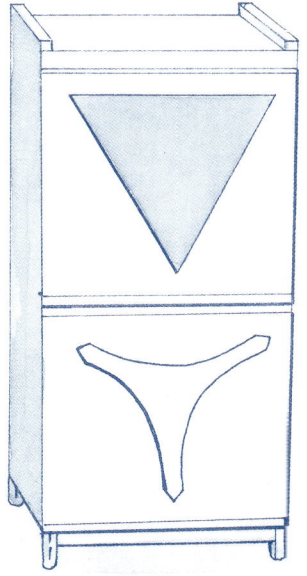

Das Farbtherapiegerät

Dieses von den Hygeia-Studios entwik-kelte Gerät erlaubt die Bestrahlung mit Voll-Spektrum-Licht in Verbindung der Behandlungsfarbe mit jener Form, welche die Heilwirkung am besten ver-stärkt. Behandlungsfarbe (oben) und Komplementärfarbe (unten) wechseln einander in genau bestimmten zeitli-chen Abständen ab. Die Behandlung erfolgt in einem abgedunkelten Raum, um zu verhindern, dass Tageslicht die Wirkung der verwendeten Farben «verwässert».

Am Ende jedes Farbintervalls wird das eine Licht langsam abge-
dunkelt, während das andere gleichzeitig langsam bis zur vollen
Strahlkraft aufgeblendet wird. Der Patient mag entspannt in den
Schlaf gesunken sein, ein durchaus gutes Zeichen, denn dies gewährleistet, dass die Farben gut aufgenommen werden.

Nach der Farbbehandlung oder wenn der Patient erwacht, können spontane emotionale Reaktionen auftreten, weil gestaute Ge-
fühlsenergie freigesetzt wurde. Dies kann sich unmittelbar auf die
Farben der Aura auswirken.

Graue Verfärbungen, die unakzeptierte Energie anzeigen, und
braune Bereiche, die Folge festgehaltener Energien, können redu-
ziert oder sogar ganz verschwunden sein (siehe Seite 89). Die
Farben erscheinen insgesamt heller und klarer. Solche Veränderungen können «momentan» (24–72 Stunden), «temporär» (2–12 Wochen) oder permanent sein.

Die Behandlungsfarben

MAGENTA
Die Farbe Magenta hat mit
der Idee des Loslassens zu
tun. Verwenden Sie sie, wenn
Veränderungen anstehen.
Magenta fördert die Spiritualität und die Beachtung spiritueller Energien.

VIOLETT
Das Schlüsselwort in der
Anwendung von Violett ist
Würde.

BLAU
Das Schlüsselwort für Blau ist
Entspannung.

TÜRKIS
Die Farbe Türkis hat mit
Immunität zu tun.

Mental
Verwenden Sie Magenta,
wenn Sie sich von alten Denk-
mustern oder Erinnerungen
lösen wollen.

Mental
Violett fördert Ihr Selbstwertgefühl, Ihre Würde und Ihre
Selbstachtung. Wenden Sie es
an, wenn Sie dazu neigen,
sich selber geringzuschätzen,
und wenn Sie oft das Gefühl
haben, andere können alles
besser als Sie.

Mental
Verwenden Sie Blau, wenn Sie
keinen klaren Gedanken
fassen können, wenn Sie mit
sich selbst ungeduldig und
ständig in Eile sind.

Mental
Verwenden Sie Türkis, wenn
Sie durch andere dominiert
werden, wenn Sie Ihren
eigenen Gedanken weniger
trauen und sie geringer
schätzen als die anderer.
Türkis hilft, gegenüber den
Gedanken anderer immun zu
werden.

Bevor Sie eine Farbbehandlung beginnen, sollten Sie sich von einem erfahrenen Farbtherapeuten beraten lassen. Die Behandlung mit farbigen Seidenstoffen, Kleidern und Lebensmitteln kann jedoch gut vom Betroffenen selbst zu Hause durchgeführt werden. Wenn man eine falsche Behandlungsfarbe wählt, kann die Behandlung zwar nicht helfen, richtet aber auch keinen bleibenden Schaden an.

Die Behandlung mit farbigem Licht ist eine wirkungsvollere Methode. Die auf den Seiten 108 sowie 114–117 beschriebenen farbtherapeutischen Geräte sollten nur von Personen mit entsprechender Kenntnis und Erfahrung angewendet werden. Dabei ist die angemessene Zeitdauer der Lichtbehandlung ebenso entscheidend wie die Wahl der richtigen Farbe. Ein falscher Behandlungsrhythmus kann zu Störungen des Energieflusses im Körper führen, die dann selbst wiederum der Behandlung bedürfen.

GRÜN
Das Schlüsselwort für Grün ist Gleichgewicht.

GELB
Das zentrale Thema der Farbe Gelb ist die Ablösung.

ORANGE
Das Schlüsselwort zur Farbe Orange ist Freude.

ROT
Das Schlüsselwort der Farbe Rot ist Energie.

Mental
Verwenden Sie Grün, wenn Sie zwischen Arbeit und häuslichen Angelegenheiten nicht genügend trennen können, wenn Ihre Gedanken aus dem Gleichgewicht sind und wenn der eine oder andere Gedanke überhandnimmt.

Mental
Gelb hilft, wenn Sie sich nicht von den Aktivitäten anderer abgrenzen können, keine eigenen Gedanken fassen können oder bestimmten Vorstellungen übermässig verhaftet sind.

Mental
Orange ist angebracht bei Menschen, die sich an Ihren eigenen mentalen Vorgängen nicht freuen können oder keine Lust verspüren, Ihr Hirn zu gebrauchen.

Mental
Wenn Ihnen jeglicher Antrieb zum Denken fehlt und Sie sich um nichts kümmern wollen, dann benötigen Sie Rot.

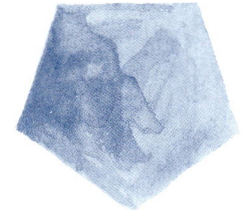

MAGENTA

Emotional
Im emotionalen Bereich hilft
Magenta, wenn alte Gefühle
nicht mehr angemessen sind
und überwunden werden
sollten. Es erlaubt Ihnen,
sie loszulassen, ihnen zu ent-
wachsen und sich weiter-
zuentwickeln.

Stoffwechselbezogen
Bei Unstimmigkeiten des
häuslichen Lebens, zum
Beispiel wenn Sie Ihre
Essgewohnheiten, die
täglichen Verrichtungen oder
die Aufgaben des Haushalts
anders einteilen wollen, wirkt
Magenta unterstützend.

Physisch
Diese Ebene betrifft die Tages-
oder Wochenplanung.
Verwenden Sie Magenta,
wenn Sie bestehende Abläufe
ändern und den Tages- oder
Wochenplan neu gestalten
wollen.

VIOLETT

Emotional
Verwenden Sie Violett, wenn
Sie Ihre eigenen Gefühle nicht
mögen oder sie Ihnen uninter-
essant scheinen. Diese Farbe
bietet den unmittelbarsten
Zugang zum Gefühl von dem,
was Sie wirklich sind.

Stoffwechselbezogen
Wenden Sie Violett an, wenn
Ihnen der Respekt für den
Wert Ihres Heims fehlt. Violett
ist dann angebracht, wenn
Sie Ihre Wohnung lediglich
als einen Ort der Erfüllung
bestimmter Zwecke betrach-
ten, statt in vollumfänglichem
Sinn darin zu leben.

Physisch
Dies bezieht sich auf fehlende
Selbstliebe und Mangel an
Selbstwertgefühl. Verwenden
Sie Violett, wenn Sie das
Gefühl haben, Sie seien nicht
schön.

BLAU

Emotional
Wenn Sie in Ihren Gefühlen
keinen Frieden finden können
oder mit Ihrem Gefühlsleben
unzufrieden sind, sollten Sie
den Gebrauch der Farbe Blau
in Betracht ziehen.

Stoffwechselbezogen
Wenn Sie für Ihre häuslichen
Belange, Ihren Lebensstil und
Ihre Ernährung nie Zeit haben,
wenn Sie zu den Menschen
gehören, die schnell ein
belegtes Brot hinunter-
schlingen, während Sie gleichzeitig ein Buch lesen, dann
wird Ihnen die Farbe Blau
guttun.

Physisch
Versuchen Sie's mit Blau,
wenn Sie ständig in Hetze
sind, wenn es so scheint, als
hätten Sie für die täglichen
Aufgaben nie genug Zeit.

TÜRKIS

Emotional
Türkis st die Farbe Ihrer Wahl,
wenn Sie sich im Gefühls-
bereich durch andere
bestimmen lassen, wenn Sie
beispielsweise wiederholt feststellen, dass Sie mit anderen
lachen, obwohl Sie gar nicht
wissen, was eigentlich so
komisch ist, oder wenn Sie
sich in der Nähe Kranker
selbst unwohl zu fühlen
beginnen.

Stoffwechselbezogen
Türkis fördert die Immunität
der Zellen, ist also angebracht,
wenn Ihre Abwehrkraft gering
ist und Sie zum Beispiel häufig
unter Erkältungen leiden.

Physisch
Die Angewohnheit, andere
nachzuahmen, es den ande-
ren gleichtun zu wollen,
spricht für ein Bedürfnis nach
Türkis. Verwenden Sie diese
Farbe, wenn Sie sich dem Einfluss des Lebensstils anderer
kaum erwehren können.

GRÜN

Emotional

Wenn gestörte Beziehungen Sie gefühlsmässig aus dem Gleichgewicht bringen, sollten Sie sich mit Grün behandeln.

Stoffwechselbezogen

Grün bewirkt Gleichgewicht im Körper und im häuslichen Leben. Verwenden Sie es, wenn Ihre Gesundheit oder Ihre häuslichen Angelegenheiten gestört sind.

Physisch

Wenn Ihr Tagesablauf durcheinander geraten ist, Sie zum Beispiel regelmässig das Frühstück oder das Mittagessen auslassen, oder wenn Sie das Gefühl haben, dass Sie nichts mehr auf die Reihe bekommen, hilft Grün.

GELB

Emotional

Für Menschen, die sich gefühlsmässig nicht zurückhalten können, zum Beispiel für Mütter, die schon beim geringsten Ton ihres Kindes aufspringen, ist Gelb hilfreich.

Stoffwechselbezogen

Die Farbe Gelb wirkt in diesem Bereich auf den Prozess der Kalziumaufnahme im Körper ein. Kalzium kann sich aufgrund der Unfähigkeit, es loszulassen, vermehrt in den Gelenken ansammeln, was insbesondere bei Menschen über vierzig Jahren Probleme verursachen kann. Die Farbe Gelb hilft.

Physisch

Verwenden Sie Gelb, um sich von überholtem materiellem Besitz zu trennen, Ihrem alten Auto, Ihren alten Vorhängen oder Kleidern, die Sie längst nicht mehr benützen, bisher aber nicht fortgeben konnten.

ORANGE

Emotional

Wenn Sie in Ihrer Gefühlswelt kein Glücksgefühl und keine Freude erleben, kann die Farbe Orange helfen. Sie wird auch eingesetzt, um Depressionen überwinden zu helfen. Wenn allerdings die Behandlung mit Orange übertrieben wird, kann dies ins Gegenteil umschlagen. Der Behandelte wird überdreht und verantwortungslos.

Stoffwechselbezogen

Wenn Ihnen Ihr Zuhause keine Freude bereitet, wenn Ihnen das Essen nicht mehr schmeckt und Sie auch dem Kochen nichts abgewinnen können, dann sollten Sie sich Orange zuwenden.

Physisch

Wenn alle Ihre Aktivitäten von einer Unzufriedenheit begleitet sind, wenn sich eine allgemeine Trägheit breitmacht, Sie Ihre Aufgaben andauernd vor sich herschieben, dann sollten Sie sich mit Orange beschäftigen.

ROT

Emotional

Ihre Gefühlsregungen sind schwach, Sie bringen keine Kraft mehr auf für Gefühle, Sie sind viel zu erschöpft, um sich überhaupt mit Gefühlsdingen herumschlagen zu wollen – diese Anzeichen legen Rot als Behandlungsfarbe nahe.

Stoffwechselbezogen

Setzen Sie Rot ein, wenn Sie Ihren Haushalt vernachlässigen oder alles nur noch der Bequemlichkeit zuliebe und nicht aus Freude daran tun. Anzeichen dafür könnte sein, dass Sie zum Beispiel nicht mehr die Energie aufbringen, den Esstisch zu decken, bevor Sie essen, oder dass Sie, anstatt die Wohnung sauberzuhalten, auf künstliche Luftverbesserer zurückgreifen.

Physisch

Verwenden Sie Rot, um körperlicher Trägheit zu begegnen. Es hebt den Blutdruck und eignet sich dementsprechend zur Behandlung von zu niedrigem Blutdruck.

Farbtherapeutische Hilfsmittel

Die ganze Palette farbtherapeutischer Hilfsmittel, die in diesem Abschnitt vorgestellt wird, kann entweder in Verbindung mit dem Farbtherapiegerät oder als jeweils eigenständiges Heilmittel eingesetzt werden. Die Tabelle auf Seite 101 zeigt, welche Leiden am besten auf welche Behandlungsmethoden ansprechen.

Das Farb-Sprudelbad

Die Einwirkung von farbigem Licht im Wasser ermöglicht es den Frequenzen des Lichts, den ganzen Körper zu durchdringen. Die Wärme des Wassers in Verbindung mit der wohltuenden Wirkung der seitlich angebrachten Massagedüsen entspannt die Muskulatur und macht den Körper für die heilenden Kräfte der Farbe empfänglich.

Das Farb-Sprudelbad kann mit jeder beliebigen Farbe angewendet werden, meist ist es jedoch Blau und dessen Komplementärfarbe Orange, um Stress, Schlaflosigkeit und Muskelverspannungen zu lindern. Das Bad sollte angenehm warm sein. Zunächst sollten nur die Massagedüsen für etwa fünf Minuten eingeschaltet werden, bevor mit der eigentlichen Farbbehandlung begonnen wird. Die Sprudeldüsen werden dann abgeschaltet. Eine Zeitimpulsschaltung, entsprechend jener des Farbtherapiegeräts (siehe Seite 109), steuert die Behandlungsintervalle. Die gesamte Farb-Sprudelbad-Behandlung dauert also ebenfalls 19¾ Minuten. Dann ist das Wasser auch etwa auf Körpertemperatur abgekühlt, das Verlassen des Bades bedeutet somit auch keinen Schock für den Organismus. Die Wirkung des Bads kann noch verstärkt werden, indem Sie das Umfeld

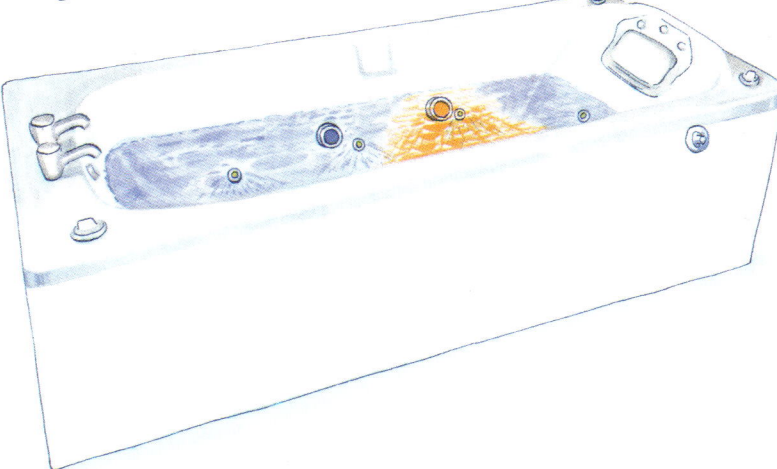

Das Farb-Sprudelbad

Nach einer entspannenden Massage durch die seitlich angebrachten Düsen folgt die Farbbehandlung. Die Einwirkungsdauer der Behandlungsfarbe und ihrer Komplementärfarbe wird durch eine Zeitimpulsschaltung gesteuert.

zum Beispiel mit sanfter Musik (siehe Seite 118) entsprechend gestalten.

Sonnenbestrahltes Wasser

Es wird angenommen, dass die Farben des Lichts das Wasser auf molekularer Ebene beeinflussen, es mit der auftreffenden Lichtenergie anreichern und seinen Geschmack verändern. Die Anwendung von sonnenbestrahltem Wasser war Teil der ayurvedischen Medizin im alten Indien im ersten Jahrhundert v. Chr., wurde jedoch vermutlich schon viele Jahrtausende früher eingesetzt. Auch im alten Ägypten fand es bereits vor 4000 Jahren als Heilmittel Verwendung.

Um Wasser zu besonnen, wird ein Gefäss mit stillem (nicht kohlesäurehaltigem) Wasser in einen roten oder blauen Voll-Spektrum-Filter gestellt und etwa zwei Stunden lang (an bewölkten Tagen etwas länger) dem Sonnenlicht ausgesetzt. Trinken Sie anschliessend das Wasser langsam.

Der Geschmack ändert sich je nach der Bestrahlungsfarbe: Rot macht das Wasser sauer, während Blau es versüsst. Rote und blaue Filter bewirken die grössten Geschmacksveränderungen. Die anderen Farben erzeugen Geschmacksnuancen, die zwischen den durch Blau und Rot bewirkten liegen; deshalb werden gewöhnlich auch nur diese verwendet. Durch einen roten Filter bestrahltes Wasser wirkt anregend, blau bestrahltes hat eine eher beruhigende Wirkung und eignet sich ausgezeichnet als Schlaftrunk.

Die Augenheillampe

Die Augenheillampe eignet sich zur Behandlung schwerwiegender Erkrankungen des Auges wie zum Beispiel Glaukomen (Grüner Star, erhöhter Augeninnendruck mit nachfolgender Ablösung der Netzhaut) und Katarakten (Grauer Star, Linsentrübung). Sie hilft auch bei Weit- oder Kurzsichtigkeit, indem sie die Iris und die mit ihr verbundenen Muskeln, welche die Form der Linse beeinflussen, beweglicher macht.

Die Vorrichtung besitzt eine Lichtöffnung, hinter der eine kleine Lampe angebracht ist, und zwei Farbfilter. Setzen Sie sich in etwa 70–90 Zentimeter Entfernung vor die Lampe, die Lichtöffnung ungefähr auf Augenhöhe. Führen Sie zuerst den Türkis-, dann den Rotfilter vor die Lichtöffnung, betrachten Sie jede Farbe etwa 20–30 Sekunden lang. Nach jeder der beiden Farben schauen Sie ebenfalls 20–30 Sekunden auf die weisse, schwarze oder graue Fläche unterhalb der Lampe, um den Augen Gelegenheit zu geben, das Nachbild zu erzeugen und sich dabei zu entspannen. Beenden Sie die Behandlung jeweils mit dem Türkis und dessen Nachbild,

Augenheillampe und Farbkristallstift

Die Augenheillampe (links) und der Farbkristallstift Cocrysto (unten) sind zwei Hilfsmittel, die von den Hygeia-Studios in Gloucestershire, England, entwickelt wurden.

Die Augenheillampe ist etwa 30 cm hoch; sie wird auf einen Tisch gestellt, und der Patient setzt sich davor. Indem

damit die Augen nach einer solchen Sitzung ganz entspannt sind. Wiederholen Sie das Ganze zweimal täglich. Suchen Sie Ihren Augenspezialisten regelmässig auf, um Ihre Fortschritte zu überwachen.

Öle

Farböle werden hergestellt, indem reine Öle mit Heilkräutern und Blüten vermengt und dann dem Sonnenlicht ausgesetzt werden, oft mehrere Tage oder sogar Wochen lang. Dadurch nehmen die Öle die Energien der Pflanzen auf. Je nachdem welche Pflanzen angesetzt werden, erhält das Öl die entsprechende Farbe. Am besten sollten möglichst frisch zubereitete Öle verwendet werden. Beachten Sie auch die Packungshinweise des Herstellers.

Öle eignen sich zur Teil- oder Ganzkörpermassage. Je nach der Mischung der angesetzten Zutaten wirkt das Öl entspannend, anregend oder auch lustfördernd.

Kristalle

Kristalle sind konzentrierte Formen der Lichtenergie, die sich in völliger Dunkelheit in Kohle-, Lehm- und Gesteinsablagerungen gebildet haben. Aufgrund ihrer besonderen Struktur eignen sie sich etwa auch zur Datenübertragung in Computern. Unter Einwirkung von Licht und einem Farbfilter kann ein Quarzkristall für Heilzwecke eingesetzt werden.

In der Farbtherapie dienen Kristalle dem Ausgleich des Chakrasystems (siehe Seite 62). So wie die Chakras als die Energiezentren des Körpers angesehen werden, gelten Kristalle als die Kraftkonzentrationen des Planeten Erde. Wenn Kristalle zu Heilzwecken

abwechselnd ein roter und ein türkisfarbener Filter vor die Lichtquelle geschoben werden, lässt man das farbige Licht auf sich einwirken.

Der Farbkristallstift, äusserlich einer Taschenlampe nicht unähnlich, basiert auf den heilkräftigen Wirkungen der Kristalle, die mittels eines Farbfilters in der gewünschten Weise auf die Chakras einwirken.

Ebenso wie die Chakras als die Energiezentren unseres Körpers angesehen werden, gelten Kristalle als Kraftkonzentrationen unseres Planeten. Durch die Verwendung von Kristallen zu Heilzwecken wird der Körper auf die heilenden Kräfte des Planeten eingestimmt.

Musik zur Unterstützung der Therapie

Musik kann als wichtige Bereicherung in den Behandlungsplan mit einbezogen werden und die Farbtherapie in verschiedener Weise fördern. Sie kann als Hintergrundmusik ihre heilende Wirkung entfalten. Johann Sebastian Bach griff in seiner Musik auf die gleichen harmonischen Gesetzmässigkeiten zurück, die auch den Zahlen der Fibonaccireihe zugrundeliegen (siehe Seite 37). Diese musikalischen Intervalle erzeugen die gleiche Wirkung wie die Proportionen des Goldenen Schnitts, die etwa in der Architektur des Altertums und der Renaissance eine Art visueller Harmonie hervorriefen. In gleicher Weise entsteht in der Musik eine schwingungsmässige Harmonie – Heilklänge.

Darüber hinaus können Therapeuten mit entsprechenden Kenntnissen dem Patienten spezielle Musikstücke zusammenstellen, die ganz individuell das Unbewusste und das Erinnerungsvermögen ansprechen. Auch selber zu singen kann einen wertvollen therapeutischen Effekt haben: Es hilft einerseits, sich freier ausdrücken zu lernen, und andererseits, die harmonische Verbindung von geistiger, emotionaler und physischer Ebene wiederherzustellen.

benützt werden, wird der Körper auf die heilenden Kräfte des Planeten eingestimmt.

Reiner, farbloser Bergkristall hat sich in der Farbtherapie am besten bewährt. Beim Farbkristallstift (Cocrysto) wird das Licht durch einen farbigen Filter und einen reinen Bergkristall auf die Chakras gelenkt. Der Patient sollte weiss gekleidet sein, damit die Behandlungsfarbe nicht durch farbige Kleidung verfälscht wird. Der Farbkristallstift wird 2–3 Zentimeter vom Körper des Patienten entfernt gehalten und die Energien durch Visualisation in die Chakrazentren geleitet.

Kombinierte Behandlungen

Eine Farbbehandlung sollte immer von einem qualifizierten Therapeuten durchgeführt oder zumindest überwacht werden. Aufgrund einer gründlichen Abklärung der Bedürfnisse und der Persönlichkeitsmerkmale des Patienten kann der Therapeut abschätzen, wie häufig und mit welchen Mitteln der Patient behandelt werden sollte, ob eine einzelne oder – wie dies häufig zur Verstärkung der Wirkung der Fall ist – eine Kombination von Methoden sinnvoll ist. Zur Unterstützung der Behandlung mit dem Farbtherapiegerät durch den Therapeuten wird der Patient meistens dazu angehalten, zusätzlich Farbatemübungen (siehe Seite 54) oder geführte Visualisationen (siehe Seite 52) durchzuführen. Ebenso wird man ihn in der Farbwahl seiner Kleidung beraten. Die verschiedenen Behandlungsmethoden wirken am besten zusammen, wenn dieselben Farben verwendet werden.

Aus der Tabelle auf Seite 101 lässt sich leicht ersehen, welche Methoden sich bei einem bestimmten Leiden gut miteinander kombinieren lassen. Die Wahl der Behandlungsweise muss in erster Linie unter den gegebenen Umständen praktisch sinnvoll und durchführbar sein. Es wäre beispielsweise kaum angebracht, Visualisationsübungen gegen Schlaflosigkeit zu empfehlen. Vermutlich würden die vorgestellten Bilder den Patienten erst recht wach behalten, anstatt ihn sanft entschlummern zu lassen. So sollte der Schlaflose besser mit dem Farbtherapiegerät behandelt werden und vielleicht zwischen den Sitzungen blau besonntes Wasser zu sich nehmen und Farbatemübungen machen.

Dabei sollte jedoch beachtet werden, dass immer genügend Zeit zwischen den einzelnen Anwendungen liegt, zum Beispiel abends blau bestrahltes Wasser trinken und dann im Verlauf des nächsten Tages erst die Farbatmungsübungen durchführen. Diese Pause gibt dem Körper Zeit, die heilenden Energien der Behandlung ganz in sich aufzunehmen.

Es versteht sich von selbst, dass eine blosse Vervielfältigung der Behandlungsmethoden und Dauer der Farbeinwirkung nicht unbedingt eine schnellere Genesung bewirken.

Zuviel Farbe kann vom Körper nicht absorbiert werden, es kann also auch hier wie auf anderen Gebieten leicht zu einer Überdosierung kommen. Als Grundregel gilt, nie mehr als eine Anwendung innerhalb von 24 Stunden.

Fallstudie Trevor

In Trevors Fall zeigte sich eindeutig, dass er gewisse unangenehme Gedanken zu verdrängen versuchte. Nach einer Krebsoperation verfiel er in Depressionen und ein Gefühl der Ziellosigkeit. 62 Jahre alt, freute er sich keineswegs auf seinen baldigen Ruhestand. Seiner Frau warf er vor, dass sie immer zu lange arbeite. Er war nur sehr schwer dazu zu bewegen, überhaupt etwas über sich selbst zu erzählen. Auch als ich ihn nach seinen Freizeitbeschäftigungen fragte, sagte er lediglich, ihm sei die Lust an allem vergangen, was ihn an die Zeit vor der Operation erinnere, sogar an das Werken mit Holz, das er früher gerne betrieben hatte.

Behandlung

Aus der Wirbelsäulendiagnose ergab sich die Behandlungsfarbe Orange mit einer starken Beziehung zum emotionalen Bereich. Ein möglicher Zugang zu seinem Problem, zu den Depressionen und der Unfähigkeit, über sich selbst zu sprechen, lag darin, ihn in Aktivitäten zu verwickeln, die ihn mit seinen Gefühlen konfrontierten. Ich legte ihm deshalb nahe, wieder mehr mit Holz zu arbeiten.

In der nächsten Sitzung trat deutlich das Gelb im Stoffwechselbereich hervor. Ich bat ihn, mit einer Visualisation zu arbeiten, um sich von schmerzhaften Erinnerungen aus seiner Vergangenheit zu befreien. Ich spürte, dass die Ursache seiner Stoffwechselbeschwerden tief verwurzelt und vermutlich schwer zu behandeln war. Manchmal ist ein «Umweg» wie die Visualisation besser als der direkte Weg. Die Farbe Gelb wies jedenfalls darauf hin, dass es um das Thema Ablösung ging.

Nach fünf Behandlungen hatten sich Trevors Beschwerden offensichtlich wesentlich gebessert. Ich hatte indirekt darauf hingearbeitet, ihn zu ermutigen, Veränderungen in seiner Lebenssituation und jene Lebensbereiche anzunehmen, die er zuvor aus seinem Bewusstsein ausgeklammert hatte.

Fallstudie Natascha

Natascha klagte über eine allgemeine Schwäche und ständige Müdigkeit. Sie fühlte sich unfähig, «in Gang» zu kommen. Wir sprachen über ihr Leben, ihre Arbeit und ihre täglichen Pflichten. Ich wollte von ihr wissen, welche ihrer Beschäftigungen ihr am meisten Freude bereiteten und welche sie am wenigsten möge. Nach einer längeren Unterhaltung wurde klar, dass sie sich auf überhaupt nichts in ihrem Leben freute. Wir sprachen über ihre Essgewohnheiten, die einen Schlüsselfaktor zur Gesundheit auf der Stoffwechselebene darstellen. «Ich esse gewöhnlich etwas, das nicht erst lange zubereitet werden muss», sagte sie. «Ich kaufe mir häufig ein Sandwich oder etwas, das nur kurz aufgewärmt zu werden braucht.» Natascha lebte allein und hatte selten Gelegenheit, zusammen mit Freunden oder Verwandten eine Mahlzeit einzunehmen. Sie sprach auch sehr abschätzig über die Art, in der sie ihre Freizeit verbrachte.

Natascha wollte eigentlich schreiben, sie fühlte sich jedoch ausserstande, den Einstieg dazu zu finden.

Behandlung

Natascha bezog eindeutig nicht genug Nahrung aus dem, was sie zu sich nahm. Dies schien viel vordringlicher als ihr vergeblicher Wunsch, sich schriftstellerisch zu betätigen. Ihre Wirbelsäulendiagnose wies auf die Farbe Grün als Behandlungsfarbe hin. Wir arbeiteten über mehrere Wochen mit dem Farbtherapiegerät.

Für Nataschas Verdauungsbeschwerden erarbeitete ich mit ihr einen Übungsplan für zu Hause. Die zweite Sitzung bestimmte Türkis zur Behandlungsfarbe, weshalb ich ihr einen türkisfarbenen Papierbogen mitgab. Diesen sollte sie sich auf den Bauch legen und damit die Farbatmung üben, Türkis ein- und Rot ausatmen.

Als dann die nächste Diagnose Orange anzeigte, war es an der Zeit, sich ihrer Selbsterfüllung zuzuwenden – mit dem Schreiben zu beginnen, um dadurch mehr Freude in ihr Leben zu bringen. Sie schien bereit zu sein, sofort zu beginnen, und tat dies auch noch vor der nächsten Sitzung. Zugleich aber stellte sie auch ihre Farbatmungsübungen ein, was sich sofort wieder in einem reduzierten Energievorrat zeigte. Als Natascha eingesehen hatte, dass ihre Mitarbeit genauso wichtig ist wie die Arbeit in den Farbsitzungen, nahm sie die Übungen wieder auf. Der erfolgreiche Verlauf dieser Behandlung wurde schon ein Jahr später belegt, als ihr erstes Buch herauskam.

Fallstudie Melanie

Als ich Melanie das erstemal begegnete, war sie gerade neun Jahre alt. Sie sprach nicht und liess keinen Augenkontakt zu. Sobald sie mich sah, rannte sie hinaus und raste auf ihrem Fahrrad durch den Garten.

Wenn die Sonne untergeht, werden die Farben des Abends nicht einfach abgelöst durch jene der Nacht; sie sind auf einer tieferen Ebene des Unsichtbaren immer noch da.

Ihre Eltern berichteten mir, dass sie im Alter von zwei Monaten operiert worden sei, um einen entstellenden Flecken im Gesicht zu entfernen. Nach der Operation erschien Melanie der Mutter verändert: «Es war, als ob ich jeglichen Kontakt verloren hätte, ich kann es gar nicht anders beschreiben.» Ihr Vater fügte hinzu: «Nachdem wir die Ärzte befragt hatten, mussten sie zugeben, dass es sehr schwierig gewesen sei, sie aus der Narkose zurückzuholen.» Mir wurde klar, dass der Operationsschock in diesem frühen Alter für Melanie viel zu gross gewesen ist. Ihre schützende Aura war durch die Narkose vom Körper abgerückt worden (siehe Seite 88–89) und war nicht mehr in ihren normalen Zustand zurückgekehrt. Die mentalen und emotionalen Ebenen waren nicht mehr verbunden mit dem Stoffwechselbereich und dem physischen Bereich. Melanie schien über ihrem Körper zu schweben und war unfähig, «Verbindung» mit ihm aufzunehmen.

Behandlung

Nachdem ich Melanie schon über ein Jahr in Abständen von drei bis vier Wochen behandelt hatte, zeigte ihre Wirbelsäulendiagnose eines Tages ein deutlich verändertes Bild. Bei der nächsten Sitzung schaute sie mir zum erstenmal direkt in die Augen, was sie auch in den folgenden Sitzungen beibehielt.

Inzwischen hatte ich bereits 26 Wirbelsäulendiagnosen erstellt. Die ersten wiesen keine paarweise verbundenen aktiven Wirbel im emotionalen Bereich auf, und es bestand keinerlei Verbindung zwischen dem mental-emotionalen und dem Stoffwechsel- und physischen Bereich. Mit der Zeit zeigten Melanies Diagnosetafel ein immer normaleres Bild. Nachdem wir drei Jahre miteinander gearbeitet hatten, begann sie zu sprechen.

Wenn ich Melanie heute begegne, wirkt sie auf mich wie ein völlig «normales» Kind. Sie hat jedoch immer noch eine Abneigung gegenüber dem Lesen und Schreiben, was sie auch noch nicht fliessend kann. Nach einer solchen Krankheitsgeschichte ist das aber auch kaum verwunderlich. Sie wird auch weiterhin ein hohes Mass an Zuwendung und Geduld brauchen, ist aber inzwischen eine fröhliche, zufriedene und gesunde junge Frau geworden.

Der Abschluss des Heilungsprozesses

Behandlungen bei einem Therapeuten können sich über einige Wochen oder auch Monate erstrecken. In regelmässigen Abständen sollte man sich über den erzielten Fortschritt Rechenschaft ablegen. Dies gibt sowohl dem Patienten wie auch dem Therapeuten die Möglichkeit, die Entwicklung zu überwachen und zu überprüfen, wie gut der Patient auf die Behandlung anspricht und ob die Selbstbehandlung zu Hause den gewünschten Erfolg bringt. Wiederholte Farbdiagnosen anhand der Aura, die Anwendung der Wirbelsäulendiagnose oder die Farbspiegel-Auswertung dienen zur Überwachung der Veränderungen.

Bevor ein Patient die Behandlung abschliesst, bespricht der Therapeut nochmals die grundlegenden Zusammenhänge zwischen Geist, Gefühl und Körper (siehe Seite 74). Der Schlüssel zur Heilung liegt darin, dass der Patient die Bedeutung seiner Gefühle und deren Konsequenzen schätzen gelernt hat. Wenn die emotionalen Reaktionen, die immer als erste Antwort auf eine bestimmte Situation auftreten, nicht ausreichend gewürdigt werden, können diese unterdrückten Gefühle zu Problemen auf mentaler und körperlicher Ebene führen. Indem der Patient ermutigt wird, sich auf die Gefühle einzulassen, sich ihrer nicht zu schämen oder sich davor zu fürchten, erfährt er auch eine Bereicherung seines inneren Lebens. Die Beachtung der Rhythmen – bei der Arbeit, im häuslichen Leben und bezüglich der Essgewohnheiten – trägt auch der Bedeutung der Stoffwechselvorgänge für die Gesundheit Rechnung. Rhythmus ist alles andere als sinnlose Routine. Er entspricht dem inneren Bedürfnis nach Regelmässigkeit, auch nach regelmässiger Veränderung. Auf diese Weise werden wir uns täglich aufs neue der Bedeutung der komplementären Energien bewusst, die die Gesundheit aufrechterhalten.

Ein Patient, der sich der Behandlung bei einem Farbtherapeuten unterzogen hat, wird sich nicht einfach nur wohler fühlen. Farbtherapie vermittelt eine neue Sichtweise der Farben an sich, kann nachhaltig das Bewusstsein für Farben verstärken. Farbe wird zu einer neuen Sprache zur Interpretation von Gefühlen, der eigenen und der anderer Menschen. Sie verbindet den ehemaligen Patienten wieder mit den rhythmischen Farbenergien des Planeten und erhöht die Lebensqualität. Die subtilen Kräfte der Farben, die uns und alle Lebewesen durchdringen, werden uns fortwährend neu beleben.

Bezugsquellen und Adressen

In der Schweiz

Kamla AG
Wesemlinstrasse 2
6006 Luzern
Telefon 041/36 48 36

- Therapiegeräte für die
  Farbpunktur
- Kursunterlagen für Kurse
  mit dem Farbtherapeuten
  Peter Mandel
- Bücher von Peter Mandel:
  Praktisches Handbuch
  zur Farbpunktur, Grund-
  und Aufbautherapien.

Jürg Bürki
Ammerswilerstrasse 89
5704 Egliswil
Telefon 064/55 02 25

- Therapien nach Christel
  Heidemann. Kurse und
  Auskunft zu den Heilweisen

Die Eidgenössische
Gesundheitskasse
Stalden 11
4500 Solothurn
Telefon 065/23 64 80

- Therapeuten-Telefon:
  065/23 64 80

In Deutschland

Alexander Wunsch
Bergheimer Strasse 116
69115 Heidelberg

- Spektrochrom-Farbfilter
- Dinsha Darius: Es werde
  Licht. Praktischer Leitfaden
  für die 12-Farben-Chromo-
  therapie

Christel Heidemann
Haus Tobias
79410 Badenweiler

- Meridiantherapie
  Band 1 bis 3

Mandel-Institut für Esogetische
Medizin
Hildastrasse 8
76646 Bruchsal
Telefon 0 72 51/80 01 40

- Bücher von Peter Mandel.
- Unterlagen über Kurse
  mit Peter Mandel für Laien
  und Ärzte

Stichwortverzeichnis